高校课程思政工作建设研究

陆官虎◎著

吉林大学出版社
·长春·

图书在版编目（CIP）数据

高校课程思政工作建设研究／陆官虎著.--长春：吉林大学出版社，2021.12
ISBN 978-7-5692-9791-1

Ⅰ.①高… Ⅱ.①陆… Ⅲ.①高等学校－思想政治教育－研究－中国 Ⅳ.①G641

中国版本图书馆 CIP 数据核字（2021）第 265351 号

书　　名	高校课程思政工作建设研究	
	GAOXIAO KECHENG SIZHENG GONGZUO JIANSHE YANJIU	
作　　者	陆官虎　著	
策划编辑	董贵山	
责任编辑	董贵山	
责任校对	殷丽爽	
装帧设计	王斌	
出版发行	吉林大学出版社	
社　　址	长春市人民大街 4059 号	
邮政编码	130021	
发行电话	0431-89580028/29/21	
网　　址	http://www.jlup.com.cn	
电子邮箱	jldxcbs@sina.com	
印　　刷	天津和萱印刷有限公司	
开　　本	787mm×1092mm　1/16	
印　　张	12	
字　　数	215 千字	
版　　次	2022 年 5 月　第 1 版	
印　　次	2022 年 5 月　第 1 次	
书　　号	ISBN 978-7-5692-9791-1	
定　　价	72.00 元	

版权所有　　翻印必究

前言

培养全面发展的时代青年是对我国社会进步的积极响应，同时也是对促进和提升高校思想政治工作提出的新的时代号召和政治要求。高校思想政治工作经过长时间的积累取得了一些成效，但思想政治理论课被默认为高校思想政治工作的开展主体，长期处于"孤岛化"境地。在2016年12月召开的全国高校思想政治工作会议上，习近平总书记强调，"要用好课堂教学这个主渠道，思想政治理论课要坚持在改进中加强，提升思想政治教育亲和力和针对性，满足学生成长发展需求和期待，其他各门课都要守好一段渠、种好责任田，使各类课程与思想政治理论课同向同行，形成协同效应"。习近平总书记的讲话厘清了课程思政的基本实施路径，即要求高校在思想政治教育过程中充分调动各门课程的思想政治教育育人潜力，在多样化的课堂教学之中，潜移默化地实现教育目标。

本书第一章为课程思政概述，分别介绍了课程思政的概念界定与内涵，以及课程思政建设的意义；本书第二章为课程思政的理念形成与实践探索，主要介绍了课程思政理念的形成、课程思政建设面临的困境，以及课程思政实践探索分析；本书第三章为课程思政与思政课程的协同发展，主要介绍了课程思政与思政课程协同发展的紧迫性、课程思政与思政课程协同发展存在的问题，以及推进课程思政协同思政课程发展的策略；本书第四章为高校课程思政的育人体系，主要介绍了高校思想政治教育的教学原则、高校思想政治教育的基本功能、构建课程思政协同思政课程全方位育人体系，以及推进课程思政建设的重要角色——辅导员；本书第五章为高校课程思政建设的保障机制与实施路径，主要介绍了高校课程思政的建设要点、高校课程思政建设的保障机制、高校课程思政建设的实施路径；本书第六章为高校课程思政教学实践，主要介绍了课程思政教学课堂管理与教学设计、通识课课程思政教学实践，以及专业课课程思政教学实践。

  在撰写本书的过程中，作者得到了许多专家学者的帮助和指导，参考了大量的学术文献，在此表示真诚的感谢。由于作者水平有限，书中难免会有疏漏之处，希望广大同行及时指正。

作者

2021 年 8 月

目 录

第一章 课程思政概述 …………………………………………………… 1
  第一节 课程思政的概念界定与内涵 ……………………………… 1
  第二节 课程思政建设的意义 ……………………………………… 16

第二章 课程思政的理念形成与实践探索 …………………………… 20
  第一节 课程思政理念的形成 ……………………………………… 20
  第二节 课程思政建设面临的困境 ………………………………… 36
  第三节 课程思政的实践探索分析 ………………………………… 41

第三章 课程思政与思政课程的协同发展 …………………………… 46
  第一节 课程思政与思政课程的协同发展的紧迫性 ……………… 46
  第二节 课程思政与思政课程协同发展存在的问题 ……………… 48
  第三节 推进课程思政协同思政课程发展的策略 ………………… 61

第四章 高校课程思政的育人体系 …………………………………… 74
  第一节 高校思想政治教育的教学原则 …………………………… 74
  第二节 高校思想政治教育的基本功能 …………………………… 80
  第三节 构建课程思政协同思政课程全方位育人体系 …………… 83
  第四节 推进课程思政建设的重要角色——辅导员 ……………… 94

第五章 高校课程思政建设的保障机制与实施路径 ………………… 109
  第一节 高校课程思政的建设要点 ………………………………… 109

第二节　高校课程思政建设的保障机制 …………………… 112

　　第三节　高校课程思政建设的实施路径 …………………… 118

第六章　高校课程思政教学实践 …………………………………… 152

　　第一节　课程思政教学课堂管理与教学设计 ……………… 152

　　第二节　通识课课程思政教学实践 ………………………… 164

　　第三节　专业课课程思政教学实践 ………………………… 168

参 考 文 献 …………………………………………………………… 184

第一章 课程思政概述

本章先论述了课程思政的概念界定,对课程思政的内涵进行了深层次的解读;接着从课程思政建设的必要性和重要性两个方面,分析了课程思政建设的意义。

第一节 课程思政的概念界定与内涵

一、课程

(一)课程的概念

"课程"一词最早出现在唐宋时期,其含义与寝庙、礼乐大道有关,与我们现在所说的课程的意思大不相同。后来南宋朱熹在书中提到的课程主要指学习的进度。而在西方,"课程"一词最早意为跑道,由此引申为学习的进程,这一点与朱熹提到的课程含义相类似。课程的含义随时间的发展也在发生变化,但通常情况下指的是学生学习的科目总和,以及其学习的进程。在此基础上,本书所分析的课程思政中的"课程"一词可以解释为针对高校所有课程,各教育主体根据各类课程的不同内容积极主动地开展教育教学活动的过程,既包括理论课程,又包括实践课程;既包括显性课程,又包括隐性课程。

（二）课程思政在课程方面的特点

1. 寓德于课是首要特点

高校推进课程思政建设，首先应服务于国家战略发展要求，其次应满足个体发展需求。近年来，与高等教育相关的会议和政策文件都明确表明立德树人是教育的根本任务，体现出"立德"于人才培养的重要性，"立德"于课程之中，是课程建设的首要特点。培养社会主义合格建设者和接班人是高等教育的使命，而这其中首要的即是德，表明了德性培养是高校的职责所在。寻求个体发展的前提是拥有健全的人格，即是一个完整的人。先成人，方能成才，而成人先成德，强调道德是个体首先应具备的品质。无论是国家层面，还是个人发展层面，均表明德性是成人的首要条件。

2. 人文立课是主要特点

冯骥才曾说，人文精神是教育的灵魂[①]。本书认为人文精神即人类的自我关怀，以个人意愿、需求为基础，确保人自由、幸福且有尊严地活着，以促进人类文明发展和进步。明晰人文精神的概念后，再谈人文立课。课程思政建设的出发点及归宿都立足于培养人这一根本问题。为了全面提高人才培养质量，教师要善于挖掘课程中的人文元素，提升自身人文素养，进而更好地实现育人目标。从对教师素养的要求层面来看，课程思政重视人文精神；从课堂教学层面来看，强调以人文素养丰富教学内容，使人文精神贯穿教学始终，让知识教育富有人文趣味。人文立课是课程思政的主要特点。

3. 价值引领是核心特点

近年来，国家政府、区域社会、高等院校都意识到育人内容和形式创新的必要性和紧迫性，打破传统课堂教学的壁垒，在育人构成要素的优化中实现创新发展，对于高校人才培养至关重要。从课程思政的具体教学内容来看，以综合素养课、专业教育课和实践课为载体，重在传授知识、培养能力的同时，实现价值塑造，培养学生正确的价值观。价值引领是课程思政的核心特点。

---

① 冯骥才. 人文精神是教育的灵魂 [J]. 教书育人，2019（08）：1

二、高校思想政治课程

（一）高校思想政治理论课

高校思想政治理论课，简称思政课，这不仅是一门大学必修课程，还是帮助大学生树立正确的世界观、人生观、价值观的重要途径，因为它关系到我国的高等教育究竟培养什么样的人、如何培养人，以及为谁培养人的根本问题。思想政治教育理论课在各类大学的教育中是以综合与通识教育模块中的思想政治理论类课程出现的，因此，思政课程既是课程德育中系统进行思想政治教育的课程，也是课程德育的主要输出方式和大学生的思想政治教育的主要来源。教育是国之大计、党之大计，承担着立德树人的根本任务。

高校思想政治教育工作面临的环境愈加复杂，单纯依靠思想政治理论课或是课程德育，已很难适应思想政治教育的现实发展需求，也不利于立德树人目标的实现。所以，高校思想政治理论课改革的对策研究进入了新时代，课程思政的理念与实践应运而生。

（二）高校思想政治理论与实践相结合

1. 思想政治理论教育

高校通过思想政治理论课的课程，加深了大学生的思想政治知识底蕴，而思想政治理论课的主要方式为理论灌输法。理论灌输法不仅体现在相关的课程中，也体现在党组织推优及党员培养的思想政治教育方式上。①通过对团员的推优，安排学习党课知识，配合完成党内实践活动等，在思想政治教育的过程中完成团员向党员政治身份的转变。②通过对党员党内知识的培训、定期召开党内学习会议等活动，一方面考察和考核学生的思想意识和行为道德，另一方面更加强化了学生的政治素养。这种教育方式一般以非固定课程教育的形式在高校大学生中开展。这些理论课程中，不仅包含了马克思基本原理、方法及思想精髓的讲授，还包括对马克思主义中国化的具体内容的讲授。从目前来看，高校的理论灌输法的具体教学模式和环节是高校开展思想政治教育最基础，也是最高效的方式。

2. 通过实践锻炼法开展教育活动

简而言之，就是通过计划合理、目的明确的理念，引导和组织高校学生参加形式多样的、能够提升其思想意识和道德素质的社会实践性活动。在多样化的实践锻炼活动选择中，既要顾及大学生的年龄特点、性格特征、学习能力，以及不同年级等多方面因素，也要同时兼顾将适当的教学内容加以融入，彰显实践活动的教育性。通过实践教育活动，提升大学生的思想觉悟和认知能力，强化理论灌输的效果，达到理论知识内化的目的。但是，为数不多的实践活动所呈现的教育力度和成效是微乎其微的，因此高校必须长期坚持实践活动，才能使大学生在反复的实践中提升认知，并将认知内化为自身信念。

3. 提供咨询辅导

除此之外，高校思想政治教育的方式还包括咨询辅导法。该方法指教育者通过语言、文字等形式，并结合专业的科学理论和指导技巧，与受教育者进行沟通交流，对其进行思想启发和心理引导。

（三）思想政治教育的其他学科视角

1. 教育学的知识借鉴

教学活动是教育学体系的关键要素之一，教学活动包括课程内容的总体设计、课程活动的主体与客体、教学目标、教学手段、教学达成效果等部分。可以说教学活动的整个流程，与教育学中对于教学活动的研究是不谋而合的，因此要以教育学中关于教育规律和教育活动的基本原理为参考和借鉴，从而构建出优质、高水平的思想政治教育教学体系。教育学为思政教育对如何组建课程活动、开展实践活动提供客观依据，并从教师的角度入手，揭示教师如何规范地实施教学过程，学生如何高效地参与到教学活动当中，为教学打造一套可遵从的规范，还要注意必须保持和教育学研究的核心内容相一致。要从教育学中的关注点，即通过德育来探讨内容、原则、方法和评价的确定。

2. 心理学相关依据

掌握心理学在教育中对人的影响过程，是思想政治教育进行构建的基本点，使学生在教学过程中达到所要求的思想政治品德，这一过程也反映出了个体内心活动的变化和心理的起伏过程。心理学的相关理论和方法能将学生思想品德形成过程的心理活动展现得淋漓尽致，有利于深入挖掘构建切实可行的教学过程的方法。在分析研究这一过程的基础上，抓住内部规律，构建适应学生心理特点的思想政治教育规律。在这一过程中，心理学中需要、动机和意识的形成等相关理论，也为思想政治教育的研究寻找了新的切入点，使构建的思政课教学具有全面性与广泛性，经得住各门学科的检验。

三、课程思政

（一）课程思政的内涵界定

课程思政是一个政策概念，是为应对人才培养新形势提出的关于课程教学的新要求、新方向，并具体化为一系列新政策。对课程思政的本质内涵挖掘，要做到"知其然，必知其所以然"，因此开展课程思政内涵界定就要从事物的产生源头，也就是课程思政的政策来源，进行政策文本分析和政策背景分析，从而把握住内涵的准确性、方向性及时代性。

1. 课程思政政策文本分析

课程思政，从字面上来看，"课程"即所有课程，"思政"即思想政治。对课程载体的认识相对易于形成一致的理解，但在理论和实践中，对于"思政"的属性、价值和内涵的理解则各有不同。所以非常有必要将课程思政生成的直接政策文本作为理论来源，通过回归本源来分析国家政策制定的依据和意图，从而确定这一政策概念的内涵实质。

（1）课程思政属于教学行为高校课堂教学改革的实施目标是开展课程思政，课程思政在行为性质上属于一种"课堂教学改革"行为。因此，课程思政的行为实质是有别于高校长期以来实施的"大学生思想政治教育"的。课程思政属于把教书、育人结为一体的教学工作，是教学行为。而传统的高校学工系统、团学系统开展的大学生思想政治教育、学生教育管理等是教育行为，但不属于教学行为或教学改革行为。课程思政使思想政治工作回归于课堂教学，思想政治理论课也是以课堂为主要载体，但课程思政是课堂教学中开展思想政治工作的教学行为，落脚点在于"教学"。

(2)课程思政培养目标课程思政的培养目标与思政课程一致：培养社会主义建设者和接班人。"使各类课程与思想政治理论课同向同行"更是在政策文本层面直接表达了课程思政的实施方向，就是思想政治理论课的教学、价值方向。课程思政的育人方向和思想政治理论课的培养目标是一致的，课程思政就是以立德树人为根本任务，与思想政治理论课协同育人，实现培养社会主义建设者和接班人的目标的教学行为。

2. 课程思政政策社会背景分析

（1）立德树人之"德"是指对党的政治认同课程思政教学改革主要是服务于高等教育立德树人这一根本任务的，通过政策文本来分析得出立德树人所树立的"人"是社会主义建设者和接班人。而"接班人"在新的历史时期所应秉持的"德"的属性则需要通过对课程思政提出的特定社会背景和时代背景来分析和把握。一直以来，中国共产党始终强调教育应树立"大德"的问题。1938年在抗日军政大学，毛泽东提出了学员"首先是学一个政治方向"，并围绕当时的社会形势提出了革命和建设的"大德"要求，也就是人才培养的政治方向问题。因此，高等教育立德树人根本任务首先要抓牢"大德"的基础方向和关键地位，立志培养政治理想坚定、拥护社会主义道路和中国共产党方针政策的建设者和接班人。课程思政作为这一任务的直接教学承载，要求教师在课堂教学中与相应知识点所结合的"德"应体现"大德"的首位度，坚持将"大德"作为"公德"和"私德"的统帅，明确课程思政教学的道德教育呈现应是以拥护社会主义道路、支持社会主义建设的政治方向。

（2）课程思政的核心任务课程思政的核心任务是培养大学生成为我党的坚定支持者。我国是中国共产党领导的社会主义国家，必须重视培养社会主义的建设者和接班人，重视培养立志投身于建设社会主义事业的有用之才。实现培养社会主义建设者和接班人根本任务的第一要求，就是拥护中国共产党的领导。社会的团结稳定需要一个强有力的政党来对社会进行有效整合，是历史也是人民群众选择了中国共产党，党的执政地位具有天然的合法性和时代的必要性。因此，课程思政所坚持的核心价值就是培养和巩固大学生群体的政治认同，使大学生群体成为我党的坚定支持者。

（二）课程思政内涵界定的意义

1. 明确了"思政"的内容和目标价值

实施课程思政的过程中，不是不可以在课堂教学中开展一般道德层面的德育教育，而是要重点强调当前高等教育立德树人根本任务所体现的，应是坚决拥护党的领导、培养社会主义事业接班人的政治目标，与"课程德育"理念有着本质上的区别。高等教育立德树人之"德"主要是围绕大学生的政治方向培养，而德育指的是一般意义上的个人道德、职业道德、社会公德等，也就是说，公德和私德是针对全体国民的共同倡导和一般道德要求。而课程思政所体现的立德树人为"大德"，是建立在公德和私德基础上的。对高级专门人才来说，无论是职业院校的应用型人才还是普通本科院校的专业人才，无论是专科生、本科生还是研究生，都必须具备正确的政治方向和良好的政治品德，明确课程思政中"思政"的本质内容和价值意义。

2. 对高校教师的思想政治水平提出了新要求

在高等教育的现实环境中，师德师风一般就是指教师的职业道德、个人品德，传统意义上的师德只强调公德和私德。特别是一些高校、一些行业应用性较强的专业，一部分教师直接来源于社会从业者，比如医学类、艺术类等专业；还有很多高校的教师都有出国学习、从业的经历。缺少教学经验、教师执业培训不到位、对教师职责理解不到位等，导致了在教育教学过程中，部分教师认为不违法、不违规、不违背基本道德就是良好的师德师风，认为只要不产生教学事故，把专业知识讲解清楚，课堂内外都注意教师形象，守住师德底线，这些就是课程思政教学的落实。也有部分高校的教学管理者认为教师只要把课上好，就是在落实课程思政。通过对课程思政内涵的深入分析，我们就必强调课程教学中应贯穿的政治认同教育功能，须始终坚持教师教书与育人双向结合。要求教师不仅要把课上好、把书上的内容教好，更要体现知识传授与知识运用方向的统一。教师要在履行和维护师德师风的前提下，加强对政治理论的学习和对课程思政的培训，坚持对党的领导、政治道路与政治体制真学、真懂、真信，从而身体力行、潜移默化地影响学生，实现课程思政的"思政"隐性教育，真正做到"润物无声"。

（三）课程思政的内涵

课程思政作为一种新兴的、综合的教育理念，近年来成为众多专家学者的研究热点，其中对其概念的界定也都有所不同。通过对大量文献资料详尽的研读，笔者发现了学者们对课程思政的内涵有着近乎相同的见解，仅在表述视角上存在一定的差异，其表达的内涵与本质是相近的。课程思政不是课程与思想政治教育的简单拼凑，而是通过推进全课程育人建设，进一步落实立德树人教育目标，充分尊重各类课程的学科特性和教学规律，推进课程教育教学改革，提高学生的综合素质，增强高校思想政治教育成效，努力实现培养德智体美劳全面发展的社会主义建设者和接班人的根本目标。

与思政课程相比，课程思政的外延及内涵都得到了极大的拓展。思政课程主要就是思政课任课教师通过思政基本理论课程的讲授，帮助学生树立正确的世界观、历史观和人生价值观。课程思政的外延不仅包括思政课教师，还包括高校其他教师、管理人员、相关工作人员，在其他课程的授课甚至管理工作、日常工作中，都要结合自身的工作发挥教书育人的作用。从内涵上看，课程思政更是非常丰富。内容上除了传统的三观教育外，还要将中国特色社会主义发展中的最新理论成果带进课堂，将相关时事政策及时传达给学生。在教育的理念上，要按照习近平总书记的要求，做到教育的"八个统一"；在教育的手段上，要从课堂走入生活，从传统教学走向现代化教学，不断丰富教学的方式和手段。作为全新教育理念的课程思政，是指通过将思想政治知识渗透到更多的课程中，人而达到学生思想政治水平全方位提升的目的，实现思政教育成效最大化。

课程思政就是高校为了落实立德树人根本任务，以实现培养社会主义建设者和接班人的根本目标，在对学生传授学科专业知识的同时，广泛开展以拥护中国共产党的领导为核心的政治认同教育，为学生建构一个与思想政治理论课同向同行的课程环境。具体展开则体现在如下两个方面：其一，从课程内容来看，要充分结合各类专业课程和思政课程的知识内容及附带的教育教学资源，进行深入挖掘，加强课程内容丰富化、通俗化、可视化的建设；其二，从建设主体来看，主要是高校一线教师，他们处于高校课程思政建设的"前沿阵地"，需要帮助其转变思想观念，牢牢树立课程思政建设的信念，加强教师德育思政方面的教育培训，提升其政治素养，培养教学能力，加强不同专业课程之间的协同效应。

（四）课程思政的根本任务——"立德树人"

在传统语汇中，"立德"和"树人"是分称的，各有其意。"立德树人"成为一个重要"论域"，是以 2007 年 8 月 31 日胡锦涛同志在全国优秀教师代表座谈会上的讲话为标志。党的十八大将"立德树人"正式确立为教育的根本任务。很长一段时间，学界基本达成这样一种共识：立德树人是一个德育命题，强调育人必须坚持德育为先。这虽有一定道理，但也值得商榷。立德树人强调德育，但是强调德育并不等于立德树人，前者充其量只对应"立德"的概念，而无法囊括"树人"之意涵。所谓"立德树人"，"立德"是树立德业，"树人"指培养人才。前者强调的是人之为人的根本，后者强调的是人才培养目标的全面性。"立德树人"思想中的强调德育是与全面树人理念相联系的，是在德育为先前提下的全面树人以及全面树人基础上的德育为先。从"立德""树人"的原意（尤其是后者）中不难看出"立德树人"的意蕴之广——不仅关乎德育，还包括体、智、劳、美等诸育，力求培养德才兼备、和谐发展之人，这也正是"课程思政"的根本旨归所在。统而观之，人才培养是一个育人育才协同并进、不可偏废的过程。其中，育人是育才的前提条件和必要基础，有德无才至多培养"半成品""残次品"，有才无德却可能造就"危险品"；育才是育人的继续深化和必然要求，"有德而无才者虽不能造福一方，但总能行走于世"，但若只求成人不求成才，国家建设、社会发展和民族复兴也就无从谈起。因此，必须实现育人育才的"共赢"，使我们的大学所培养的是真正的"人才"——既非钱理群教授所批判的"精致的利己主义者"，也非威廉·德雷谢维（William Deresiewicz）奇笔下"常青藤的绵羊"，更不是梁思成先生口中的"半面人"或"半个人"，即"只懂技术而灵魂苍白的空心人"或"不懂技术而侈谈人文的边缘人"。这就要求"课程思政"一方面应当实现对于专业课、综合素养课等非思政课程的思想政治价值引领；另一方面，也要使专业课、综合素养课等非思政课程积极为思想政治理论课提供学术资源和学科支撑，尽可能地让所有课程都能达到教书育人的统一，使学生都能结合自身条件实现德才兼备、和谐发展的终极愿景。

党的十八大以来，习近平总书记关于立德树人、思想道德建设、社会主义核心价值观培育等系列讲话中，提出了一系列紧扣时代主题的新观点、新思想、新论述，发展了高校立德树人的内涵，明确了立德树人的要求。2016年12月7日至8日，在北京召开了全国高校思想政治工作会议，这是在新形势下中央召开的首次全国高校思想政治工作会议，在中国高等教育事业发展史上具有里程碑的意义。会议上也提出了"把思想政治工作贯穿进教育教学全过程，实现全程育人、全方位育人"，教育引导学生形成"四个正确认识"，做好高校思想政治工作的"三个要求"和"三个规律"，推动高校思想政治工作改革创新的"四个方面"等重要内容，为高校落实立德树人根本任务指明了方向，明确了内容，提供了路径①。党的十九大又做出了"中国特色社会主义进入新时代"的重大判断，这一重大判断赋予高校思想政治工作的理论遵循、目标任务、内容形式以及新的时代内涵，为推动高校思想政治工作创新发展、科学发展提供了时代坐标和科学依据。党的十九大报告指出"全面贯彻党的教育方针，落实立德树人根本任务，发展素质教育，推进教育公平，培养德智体美全面发展的社会主义建设者和接班人"，强调"立德树人"的重要性，进一步培养社会主义建设者和接班人的指向，以习近平新时代中国特色社会主义思想作为高校思想政治工作的指导方针，立足新起点、勇担新使命，以更宽广的视野、更高远的境界、更科学的思维进行整体思考和全局谋划。2018年9月10日，全国教育大会在北京召开，这是一次具有里程碑意义的大会。在会上，习近平总书记对于建设教育强国提出了一系列新思想、新观点和新要求，在多个维度上阐释了"立德树人"的重要意义、具体方法和价值导向。"坚持把立德树人作为根本任务""我们的教育必须把培养社会主义建设者和接班人作为根本任务，培养一代又一代拥护中国共产党领导和我国社会主义制度、立志为中国特色社会主义奋斗终身的有用人才""把立德树人融入思想道德教育、文化知识教育、社会实践教育各环节，贯穿基础教育、职业教育、高等教育各领域，学科体系、教学体系、教材体系、管理体系要围绕这个目标来设计，教师要围绕这个目标来教，学生要围绕这个目标来学。凡是不利于实现这个目标的做法都要坚决改过来""要深化教育体制改革，健全立德树人落实机制，扭转不科学的教育评价导向"。

---

① 引自2016年12月7日至8日"全国高校思想政治工作会议"

这些重要论述蕴含着两方面意蕴，一方面将"社会主义建设者和接班人"作为"培养什么人"总体规格的回答，并且进一步阐释了"社会主义建设者和接班人"在思想意识方面的关键特征，即"拥护中国共产党领导和我国社会主义制度、立志为中国特色社会主义奋斗终身的有用人才"①。另一方面，又一次确定了立德树人要融入各个环节，贯穿各个领域，要作为衡量高校办学的标尺，要成为教育评价的导向，健全立德树人的落实机制成为重要课题。与此同时，在这次大会上提出了"德智体美劳全面发展"，是党和国家对于新时代人才培养以劳育德、以劳增智的新要求，体现了其育人价值和社会价值，与"四育"产生了深刻的内在联系，共同指向社会主义建设者和接班人的培养问题，使得高校立德树人内涵与意蕴得到了更为深远和丰富的发展。

以立德树人的目标引导课程思政育人共同体，统一思想认识，形成育人意识，达成价值认同。以协同的体制机制构建课程思政育人共同体，坚持党的领导，形成各部门齐抓共管的育人格局。以系统的制度体系固化课程思政育人共同体，通过建立健全责任制度，把各项任务落实到个人，形成严格的责任链条；激励全体教职工积极主动承担育人职责；完善各项保障制度，以推动课程思政工作深远持久地进行，强化课程思政育人工作效应和意识，保障课程思政工作行稳致远。

习近平总书记在党的十九大报告中指出："青年兴则国家兴，青年强则国家强。青年一代有理想、有本领、有担当，国家就有前途，民族就有希望。中国梦是历史的、现实的，也是未来的；是我们这一代的，更是青年一代的。中华民族伟大复兴的中国梦终将在一代代青年的接力奋斗中变为现实②。"这是我党对时代新人的定位与期待，亦是对高等院校在时代新人培养方面的要求与嘱托。习近平总书记在全国高校思想政治工作会议上强调，"要坚持把立德树人作为教育教学中心环节，把思想政治工作贯穿教育教学全过程，实现全员育人、全程育人和全方位育人"。课程思政以思政课程的天然价值引领为起点，与高等院校开设的专业课程相互协同，聚焦时代新人培养目标，形成系统合力。在立德树人培养过程中，课程思政建设具有多元功能，这是因为课程思政与时代新人的天然特质具有内在

---

① 引自 2018 年 9 月 10 日 "全国教育大会"
② 引自 2017 年 10 月 "中国共产党第十九次全国代表大会" 内容

的契合性,在时代新人培养和课程思政建设的实践中,通过动态耦合可以促进二者同向同行、协同发展。有鉴于此,把价值引领贯穿于教育教学始终,切实构建全员、全过程、全方位的育人格局,才能培养出个人思想与国家理想同心同向,个人本领与社会发展高度一致,个人担当与历史进步同频共振的时代新人。

马克思主义认为,人的本质在其现实性上是一切社会关系的总和,人是教育的目的而非手段[①]。课程思政日益成为新时代高等教育理念的新共识。新时代的高等教育不仅应当重视知识传输,更应当注重价值引领。结合我国实际,新时代高校立德树人使命的达成与时代新人培养目标的实现可以被视为同义表述,因此,高校需要注重系统性、目的性、方法适用性,科学地遵循人的成长规律和教育事业的发展规律。中国特色课程思政体系建设必须矢志不渝地坚持习近平新时代中国特色社会主义思想,以立德树人为出发点和落脚点,坚持立德树人方向,为中华民族伟大复兴培养德才兼备的时代新生力量。所以,课程思政体系建设与立德树人培养的理论与实践在逻辑上存在必然的契合性。

(五)课程思政的基本构成

课程思政反映了实施高校思政课改革的新探索,即按照思想政治理论课、综合素养课及专业课三类课程功能定位,从内容建设、教学方法、师资团队乃至互联网手段载体运用等途径推进改革,通过多维专业以及名人效应等角度吸引学生广泛参与,实现全课程育人。高校思想政治理论课程形成了"4+1+X"的课程体系,主要包括4门必修课和1门形势政策课(简称"4+1")以及"中国系列"思政课选修课程,这些共同构成了对大学生进行思想政治理论教育的核心课程。如果说这类课程承担着显性的思政教育功能,那么挖掘综合素养课程和专业课程思政教育元素,则具有隐性的思政教育功能。课程思政将显性教育功能与隐性教育功能相结合,从而构建出思政理论课、综合素养课程、专业课程"三位一体"的高校思政教育课程体系,实现从思政课程到课程思政的转化。

1. 思政课程

思政课程教授学生的内容是以马克思主义基本原理为基础的理论知

---

① 胡正轩著;贵州省教育学院主编. 人的本质说 [M]. 2002.

识。课程思政的建设是推进高校落实立德树人教育的有效途径，是对学生进行德育的方式之一。思政课程是育人的主要课程，因此在课程思政建设的过程中，不能忽视思想政治理论课育人的主渠道作用。加强对思政课程的重视需要对马克思主义学院进行重点建设。

2. 专业教育课

在教授专业知识的过程中，应融入思政元素，进行思政育人的相关工作。对大学生开展高效思政教育的同时，要深化教学改革，拓展本学科知识的应用面，进一步发挥本专业的育人作用。

3. 综合素养课

它是高校课程思政建设的内容之一。在综合素养课课堂教学之中，结合时事热点具体分析时事内容，突出知识的内涵与价值，不仅能提升大学生学习知识的能力水平，还能教会学生待人处事的策略和潜在的技巧，最终培养大学生健康良好的品德性格。因为综合素养课内容的变化性相对突出，所以授课教师应该从内容入手，在提升学生兴趣爱好的同时，通过潜移默化、润物细无声的模式将科学知识、正确的价值观教授给大学生。

4. 第二课堂

第二课堂是指高校课堂之外的教育教学实践。相比课堂教学，高校第二课堂并没有一定的教学大纲，没有要求课程在规定的时间内完成教学，它更加灵活机动。通过高校第二课堂建设，可以将思政教育基本要求、立德树人根本导向融入第二课堂，这既是对第一课堂的补充，也是将课堂知识付诸实践的有利渠道。另外，第二课堂建设形式多样，平台众多，可以综合利用各种先进的信息技术和一定影响力的平台资源，使得高校大学生思政道德素质等内容内化于心、外化于行。

（六）课程思政的基本特性

1. 广泛性

课程思政强调将思想政治工作落实到每一门课程中去，全面实现"三全育人"模式，努力为我国高等教育发展创造新局面。现阶段，《毛泽东思想和中国特色社会主义理论体系概论》《思想道德基础法律修养》是学校开展思想政治教育的主要课程，其课时数量在全部专业人才培养方案的课程设置中只占了很小一部分，且均以大班课形式进行授课，学生听课效果较差。相比之下，专业课在专业人才培养方案设置中占比比较大，因此，在专业课程中实施课程思政，就会成为一个巨大的优势。专业课程不仅门类众多，而且在人才培养过程中受重视程度较高，均以小班课形式进行授课，学生反响很好。各类专业课都有其自身独特的特点，依托专业课平台实施课程思政，一方面可以形成协同效应，提升学习思想政治教育的积极性；另一方面可以有效提高思想政治影响力，全面提升"三全育人"效果。

2. 显性特征

课程思政的显性特征主要包括四个方面：一是高校思想政治教育实现一体化衔接；二是高校思想政治教育实现内部贯通；三是高校思想政治教育实现体系创新；四是要求高校思想政治教育实现理论夯实。

具体来看，一体化衔接主要是为了解决在推行课程思政过程中不同专业学科之间、不同学历水平的大学生群体、不同教师层级之间存在的定位不清、认识不深、内容不明确等问题，以达到统一行动、统筹规划，逐步推进高校思想政治教育发展的目的；内部贯通指的是无论是管理层、师资层、学生层，还是课程本身，都需要衔接紧密，真正做到衔接有序、张弛有度、交流贯通、组织无碍；体系创新是指对于不同高校、不同地区、不同专业，不能拘泥于特定的思想政治教育模式，应因地、因时、因人而异，灵活有度；理论夯实是指有关思想政治教育的相关内容不能是"无源之水"，需要结合哲学社会学学科内容进行理论创新，全力支撑课程思政的理论需求。

3. 隐教性

目前思想政治教育采取显性教育和隐性教育的结合的方式。显性教育就是思政老师直接讲授思想政治理论课，无论是授课方式还是教材内容，均以显性直接的形式进行呈现，课程教学比较传统，学生被动地进行认知学习；而课程思政采用隐性的、内潜的教学方法，使学生潜移默化地接受道德教育。课程思政的隐教性特点一方面体现在从专业课程教学中挖掘隐藏的素养元素和思政元素，使其渗透于相关教材和教学内容之中。课程思政新增了素养目标，旨在结合专业相关背景和知识，宣扬社会主义核心价值观，提升学生的综合素养，为国家培养德才兼备的职业技能型人才。课程思政的隐教性特点另一方面体现在专业课教师的润物细无声的课堂教学方式上。教师对专业知识的教学是显性的，而在专业课课堂中加入思政元素，如探索和专业相关的名人事迹或行业文化，就是隐性的渗透式教学方式。让学生通过各种专业课程学习，可以在无形之中得到思想教育，自觉树立个人的理想信念。

4. 融合性

课程思政将专业课程的内容与思政元素相结合。在设计教学内容时，专业课程的教师根据专业知识的特点、行业的具体情况，以及学生的未来职业发展计划，挖掘学科知识中的育人要素，并通过多样化的教学方式将其整合到课堂教学过程中，引导学生在学习专业课知识的同时提升思想政治素养。还要将专业知识能力目标和素养目标相融合。专业知识能力目标是提高学生在实践中运用理论知识的能力，并鼓励他们熟练掌握操作技能；素养目标则是在专业课程中渗透课程思政元素，培养思想政治素养，提升职业道德，使学生成为合格的社会主义建设者和接班人。只有有效地将这三大教学目标相结合，才能更好地培养学生勤奋好学、积极钻研的学习态度。思想政治教育的显性教育与隐性教育虽然在定位、要求、教学方式等方面存在差异，但两者在政治层面的实际属性和需求是一致的，本质是面向大学生开展思想政治层面的教育。

5. 创新性

课程思政是为了适应新时代所呈现的新特点而进行的积极探索和创新性发展，在传统的以知识传授为主导的教学基础上，强调在专业知识传授过程中价值观输出的重要性，将思想政治元素和各类课程专业知识在课堂教学活动中进行有机结合，提升学生的思想政治素养。通过教育实践形成教育新理念，进而弥补专业课程在育人环节的不足。探索课程思政的创新性发展要牢牢把握不同学校的突出特点，形成各自的正确经验，将思政课程与其他课程紧密联系，协同发展，帮助并引导学生选择正确的成长方向，提升学生的辨别能力，推动学生整体水平的提高。近年来，许多高校紧密结合地方特点，因校制宜，坚持教材创造、制度创新，走出了一条符合本校特色的课程思政之路。

6. 渗透性

为了实现课程思政立德树人的目标，思想政治教育工作不能仅仅局限于具体的思想政治理论课,因此,必须加强各学科的协同与合作,不失时机地在专业课程教学中开展与专业教学内容相关联的思想政治教育。例如,在对自然科学的科学原理、科学发现的讲授中,必然涉及科学精神、探索精神、献身精神等;不少自然科学的理论同样适用于人文社会科学以及人类的处世原则;等等。这些渗透在专业课程中的思想政治教育资源,就是开展课程思政的丰富资源,它们深度融于各学科的专业知识之中。课程思政不是强制性的理论灌输,而是通过润物细无声的方式在专业课程的教学过程中巧妙地渗透思想政治教育元素。就此看来,课程思政本质上是对一种理念与价值的培育与输送,具有一定的渗透性。

第二节 课程思政建设的意义

一、课程思政建设的必要性

(一) 是实现新时代大学生全面健康发展的内在需要

习近平总书记在党的十九大上郑重宣告中国特色社会主义进入了新时代,意味着中华民族迎来了从站起来、富起来到强起来的伟大飞跃,意味着科学社会主义在 21 世纪的中国焕发出强大生机活力,意味着中国为促进发展中国家发展和解决人类问题进一步贡献了中国智慧和中国方案。新时代的大学生有新的使命,要助力全面建设社会主义现代化强国。那么大学生如何才能不辱使命,其中至关重要的基础就是实现自身的全面健康发展,即才能、志趣和道德品质的多方面发展。从高校课程思政建设来看,它是针对中国特色社会主义建设这一目的,通过马克思主义科学理论、社会主义核心价值观等理论培养大学生,使其树立正确的价值观、世界观、责任感、使命感。具体可以对照新时代的内涵和要求,即为了实现新时代下大学生的历史使命,势必需要通过高校课程思政建设的模式渠道,将思想政治教育融入各个学科中,全面提升大学生的专业素能和政治觉悟,使其能够全面发展。这便是新时代背景下实现大学生全面健康发展的内在需要。

(二) 是完成新时代高校立德树人重要使命的重要保障

高校的思想政治教育工作关系到高校培养什么样的人、如何培养人，以及为谁培养人这个根本问题，这是我国高等教育工作中非常重要的内容。2016年全国高校思想政治工作会议上，习近平总书记提出高校思想政治工作根本在于做人的工作，中心环节在于立德树人，核心在于提高人才培养能力[①]。之后，各地区各高校思想政治教育工作的重点便放在了高校课程思政建设上。直至2019年10月31日，党的十九届四中全会进一步强调，要加强和改进学校思想政治教育，建立全员、全程、全方位育人体制机制。这进一步明确了我国高校思想政治工作今后的发展方向，也是新形势下高校党委及所有教师在思政教育方面的重要使命。完成这一使命需要长久规划，需要协同作战，需要精心部署，需要内外联动。总之，以高校课程思政建设为主路线的高校思想政治教育工作，是今后一段时间内的重点工作，是需要所有人员上下一心、齐心协力共同推进的历史使命。

(三) 是有效应对国内外复杂形势的现实要求

当前世界经济增长持续放缓，仍处在国际金融危机后的深度调整期，世界大变局加速演变的特征更趋明显，全球动荡源和风险点显著增多。作为新时代社会主义的建设者和接班人，大学生提升应对内外部形势变化的能力就显得格外重要。从内部来看，新一代信息技术革命和我国经济结构调整，都需要当代大学生发挥聪明才智和创造力，使我国经济朝着高质量的发展脉络持续推进。这就需要大学生能够充分应对发展道路上可能存在的各种壁垒、各种体制机制障碍，尤其是各种不确定因素的发生，大学生应该基于自身力量做出应有的贡献，同时对于如何应对突如其来的情况要有基本合理的判断分析。从外部来看，在内部经济矛盾和社会矛盾并行的大环境下，就更加要求当代大学生提升应对风险的能力，大学生应根据高校课程思政建设中学习到的知识予以分析判断。总体来看，高校课程思政建设是提升当代大学生应对复杂内外部形势变化的现实要求。

---

① 引自2016年12月8日"全国高校思想政治会议"

二、高校课程思政建设的重要性

（一）有利于落实"立德树人"这一根本任务

高等教育的本质要求和根本使命是为国家和社会培养人才，重点要落在培养人才的发展去向上，课程思政是根据高校的基本特征帮助当代大学生树立正确的"三观"，让教师能够在实际教学的过程当中传递教书育人、立德树人的教育思想与观念。这种多元立体的方式能够对高校教育内涵式发展产生巨大的推动作用。根据高校思想政治教育课程体系的要求，要进一步加强对教师教学工作当中以德树人思想的贯彻落实，加快对高校思想政治工作要求与标准的完善。课程思政符合新时代高等教育的发展要求与总目标，同时能够充分尊重人才成长的发展规律，并根据当代大学生的特点制订教育教学的规范，真正把握思想政治工作的具体要求，应用新的人才培养模式促进人才的全面成长和发展，保证高校能够在未来社会的发展过程当中为中国伟大事业的复兴输送更多的人才。

（二）有利于构建个体价值，促进社会全面进步

当前社会处于一个重大历史转型期，各种思潮和观念产生并迅速多元化发展的情况愈发激烈，非主流思想的膨胀和网络舆论环境的发展猛烈冲击着大学生相对较弱的价值观。课程思政是以体系化的形态对思想政治教育课程进行的有力支撑和补充，它既是思政课程创新的依据和实践，又能帮助大学生摆脱生活和学习上的困境，迈向健康科学的成长发展。所有课程教师都要着眼于课程实际境遇，关注课堂教学知识技能输出与德育价值引领的融汇相通，督促和提醒学生对自身知识能力的及时吸收和审查，促使其产生对个人价值观的自信及家国情怀的认可，鼓励大学生全面发展，切实践行教育者立德树人的伟大使命，构建个体价值，从而促进社会全面进步的长效发展。

（三）有利于构建全新的思想政治教育课程体系

课程思政并不是要求高校在教学过程当中直接提取思想政治教育的内

在元素，而是需要根据实际情况对学科和专业的特点进行教学方案的设计，将思想政治教学和专业理论知识当中存在的价值思想观念进行融合，在一定程度上加强对教育育人观念显性作用成效的提升。它的实质是将完善思政教育课程体系作为改革动力，在细化和创新思政教育课程的形式过程中，把专业课程纳入思政教育和学生正确世界观、人生观、价值观的培养体系之中。在高校专业知识技能培训课程中，寻找思想政治上、道德教育上，以及大学生职业发展与规划的关键切入点，根据教学的实际要求准备相关的案例，加强大学生的实践动手能力，这样不仅能够帮助学生掌握更加牢固的专业理论知识，同时还能够使当代大学生的专业知识跟社会主义的核心价值观保持相对的协调与统一，从根本上促进和激励大学生良性稳步地成长，为建设国家的艰巨任务做好充足的准备。

（四）有利于促进学科之间的融通交流

教书育人的目标从实践角度看是整体的，不同专业领域在思想、精神、学科、方法上应该保持互通互鉴，互助互帮的发展状态，达成多领域学习共识；对不同学科和专业潜藏的独特的思想政治教育资源进行深挖并分类汇总，将思想政治教育贯穿教育实践的所有环节，培育思想清澈、观念正确、态度积极的现代化大学生，这体现着育人目标的整体性。只有这样，各个学科专业教师才能深刻认识到高等教育立德树人的最终目标和现实意义，才能将思政课程的显性教育与其他课程的隐性教育相融合，建立共生、共振的融通机制，让教育共同体的运行行之有效。

第二章 课程思政的理念形成与实践探索

本章内容介绍了课程思政理念形成的历史背景,课程思政理念的发展历程以及当代价值;分析了课程思政建设所面临的困境;从组织架构、制度建设、指导培训、实践探索的呈现、评价体系等方面详细论述了课程思政的实践探索。

第一节 课程思政理念的形成

一、中西方思想政治教育的启示与借鉴

(一)我国思想政治教育历史渊源

我国自古以来便是礼仪之邦,对于思想政治教育的重视一直是有目共睹的。我国与西方各国在历史、文化、意识形态、政治体制等方面虽有较大差别,但是对于以思想政治教育为主的政治教育却有很多共同之处,比如注重培养学生礼貌、诚实、正义感、具有社会责任等品质。

1. 原始社会中朴素原始的德育内容

在原始社会条件下,人在自然界区别于动物便是从开始使用工具进行劳动开始的。伴随着集体生活中意识、情感、智慧的觉醒,人所独有的德行的萌芽也得以生长。其中包括天生就具备的集体生活意识,以及相互依存的集体精神。这种原始朴素的德育内容被北京师范大学的黄济教授称为"生活式的德育"。

2. 古代中国思想政治教育

我国古代对于德育的内容的发展就已渐趋繁荣。先秦及之后的"百家争鸣"现象展现了非常丰富道德教育内容,很多思想对现今的思想政治教育发展也有极大的研究意义,比如法家的"法制"教育、道家的"寻道"思想等,在我国思想政治教育史上留下了非常灿烂的色彩。

3. 近现代中国的思想政治教育

近代以来我国思想政治教学开始呈现学科化特点。清末时期民主思想在我国开始出现。在推翻帝制建立民国之后社会开始倡导公民教育,开始出现"公民"课。现今思想政治教学是我国学校德育的主要途径,是我国精神文明建设的基础和主要形式。培养全面发展的人才,符合我国精神文明建设和思想政治建设工作。

(二)当代西方思想政治教育理论

西方道德教育和西方道德是不同的两个观念。西方道德与我国传统文化差异悬殊,但是西方道德教育中的很多观点,却与我国很多教育观点有相似之处。

1. 存在主义道德教育理论

教师与学生良好关系的建立的前提便是教师要有"师爱"。"师爱"的把握程度也是一种艺术,不可过于亲近丧失教师威严,又不可过于疏远,使学生感到被忽视。所以对于这种包容关系的理解是很值得借鉴的。

2. 约翰·杜威的实用主义道德教育理论

学生能够接受的最好的教育就是从实际生活中学习、从成长经验中学习。对于学生的思想政治道德教育的最终目的就是要培养良好的公民。

3. 胡塞尔的相关理论

埃德蒙德·古斯塔夫·阿尔布雷希特·胡塞尔(Edmand Gustav Albrecht Hussert)的"生活世界"与科学世界相对应,他对"日常生活世界"进行了论述,认为生活世界是可以被感知的多彩的生活世界。思想政治教育生活化也要立足于学生的生活世界,关注学生充满无限可能且具有教育意义的生活世界。在教育过程中不能只把理论知识的条条框框教授给学生,要想使学生健康成长就必须使教育立足于生活,关注生活,充分利用生活中多种资源,促进学生的全面发展。通过主体间的互识和共识两个方面决定了科学世界的客观性。

(三) 西方教育思想对于我国思想政治教育的启示

教师与学生的交往关系影响思想政治教学的方方面面,虽然我们曾经的"重师轻生"观念不可取,但是"重生轻师"这样完全以学生为主的课堂也同样是不可取的。师生之间无所谓关系平等与否,本不应该严格对立、分离师生之间关系。教师与学生应该是一个包容的交往交际关系。教师与学生之间的关系在极大程度上影响着教育的各个方面。约翰·杜威John Dewey的实用主义道德教育理论对于我国教育的启示:要从小确定职业培养方案,根据职业规划进行有针对性的培养。那社会对学生要求的多元化与现今教学的一元化矛盾,能不能通过实用性取向进行改善呢?实际上,在学校的一元化培养中就开始融入了社会的要求,可以直接与社会需求的学习融合。学校教育更具体,更适用于现实世界。第一,教育即生活。学校对学生的日常生活应给予关注,学校的环境需要通过加工改造来适应学生的特点,所以杜威的"生活"是经过"加工"之后的生活。这里的"生活"虽然是经过"加工"之后形成的,但是我们同样可以体会到教学不仅仅是死记硬背,还应有一个生活体验的过程。高校对学生的教育应从讲授向体验转变,向生活靠拢,在转变教育方式的过程中增强教育效果。第二,学校即社会。学生在学校中体会、体验和感受社会的要求、需要和价值观,引导学生与社会积极互动,在交互中积累经验、吸取教训、掌握生活技能,以提高学生适应生活的能力。第三,从做中学。"从做中学"是杜威在教学过程中得出的重要教学方法,杜威反对学生坐在课桌前死记硬背式的僵硬学习,强调要从"做"中有效地学习,知识是学生通过亲自"操作"获得的。杜威认为给学生现成的材料避免学生犯错是不对的,应给学生未经加工的粗糙的材料,让他们从做中学。我们从中可以发现杜威的"做中学"理论相对于传统教学注重知识本位,是把"看中学""听中学"变为"做中学",并把所学理论与生活结合。

当今世界,各种思想文化相互碰撞,既相互纷争,又相互吸引。只有通过博采众长,比较进步,才能焕发出更加旺盛的生命力。当代西方道德教育理论思想活跃,各有所长,对我国思想政治教学具有一定的借鉴意义，但我们有必要通过具体的认识，再与我国实际相结合进行多方面研究，以严谨的态度进行细致研究，这样才能从中汲取有益成分，发掘出可用观点，真正取得创新性发展。思想政治教学不同于其余学科的学习，它有明确的核心理念，是对马克思主义思想内容的强化和灌输。

二、我国思想政治理论课程体系沿革

（一）中华人民共和国成立初期——提倡理论与实际相结合

中华人民共和国成立之初，马克思主义理论教育被摆在了十分重要的教育地位，1949年颁布的《中国人民政治协商会议共同纲领》提倡理论与实际一致的教育方法。1950年召开的政治理论课教学工作会议又明确要求思政教育应保持理论与实际一致；之后又提出了思想政治理论课考试评分的方法，强调考试方法和学习方法都应该坚持理论联系实际的原则，不能只进行死记硬背的理论学习。这种改革思路对于学生自身成长具有十分重要的现实意义。在这种思路下，全面落实马克思主义和毛泽东思想的教学策略被严格执行，学生也善于利用马克思主义基本原理分析中国的历史和实际问题，诞生了一系列以马克思主义为指导的研究成果，其中以哲学社会科学成果最为显著。

（二）全面建设社会主义时期——注重启发式教学

理论联系实际的政策方针在全面建设社会主义时期仍需贯彻执行，因此，在教学中应进行多种形式的社会实践活动。1964年下发的《关于改进高等学校、中等学校政治理论课的意见》中详细规定了启发式教学的教学目的在于提升政治理论课的活力，让学生学会独立思考和解决问题，实现师生的共同提升。这就要求教师在充分理解钻研问题之后引导学生进行激烈的讨论，在一系列过程结束后对于学生的学习情况和争论点，进行有针对性的总结和疑难解答，以此提升学生的问题认知水平。启发式教学推行后取得了良好的效果，也产生了一大批新的成果。但最终启发式教学没有持续多久就被其他的方式取代了。

（三）改革开放到 20 世纪 90 年代初——强调多种教学方法结合

进入改革开放时期，思政理论课程体系也逐步回到正确轨道上。20 世纪 80 年代是国家思想由禁锢转向开放的时代，新生事物不断涌现，人们的视野不断开阔，逐步回到正确轨道上的思政教育也有了新的发展。这一时期强调多种教学方法相结合，1985 年，《中共中央关于改革学校思想品德和政治理论课程的通知》中谈到提倡启发式教学，引导学生在课堂上进行自由讨论，倡导学生参加社会实践和社会调查，以培养他们独立思考、发现问题和解决问题的能力。

（四）20 世纪 90 年代至今——改革和创新多样化教学方法

这一阶段，国家大力推动教学内容和教学方法改革。中央及教育部都十分注重教学方法的创新，以保证思政教学与时俱进。进入 21 世纪以来，互联网的迅猛发展，使思政教学迎来了新的形势，这对思想政治理论课程来说既是挑战也是机遇。2005 年，国家颁布了《中共中央宣传部教育部关于进一步加强和改进高等学校思想政治理论课的意见》（以下简称"05 方案"），各地积极探索新的思政教学模式，其中上海市根据其高等教育的实际，率先将传统的思政教育与专业课程、课堂教学相融合，形成了全新教育模式——课程思政。这一理念不断发展，甚至出现了"大思政"概念，将思政教育贯穿于学生学习生活方方面面。

三、课程思政理念的提出与依据

（一）"课程思政"的提出

1. 课程思政提出的背景

一是新时代高校思想政治教育发展的需要。近年来，在党中央的高度重视下，高校思政工作取得了一定成效，但同时也存在着许多需要改进和完善之处。首先，在高校思想政治教育工作中，思政教师渐渐地被视为思想政治教育的全部承担者，从而忽视了各类课程的育人责任。其次，各类课程之间分工越来越明确，不同课程之间的融通性也在不断降低，各自为营的状况致使其他课程对课程本身思政教育元素的关注度不够,同时没有明确育人责任。很多学生认为只要把思想政治理论课这门必修课上完,思想政治教育就与自己就没什么关系了,因此,高校思想政治理论课虽为必修课并且学分不低,可是发挥的作用却十分有限,思政课程也逐渐面临"边缘化、孤岛化"的困境,陷入深深的无力感中。最后,新形势下,我国社会发展日益多元化,高校思想政治教育也应积极顺应时代发展特点做出新的改变,而思想政治理论课教学存在着教育教学观念落后,内容抽象空洞,远离学生的学习生活的问题,学生学得枯燥无味,教师教得疲累、无奈。如何解决思政课程育人困境,提升高校思想政治教育的整体性是当前面临的巨大课题。

二是新时代青年正确价值观的引导需求。青年大学生作为社会发展进步的后发力量尚处于价值塑造的重要时期,高校应抓住大学生的价值认识特点,有的放矢地推进课程思政建设。作为青年一代,很多大学生的思想道德状况是健康乐观的,但是个别大学生也存在价值取向盲目、政治信仰不坚定、忽视自己应当承担的社会责任等现象。一些大学生在成长过程中致力于实现自己利益的最大化,极度关注个人的前途和社会地位,却对自己所应承担的社会责任很少关心。还有很多快毕业的大学生对自己的未来没有明确的规划,对于自己、社会等很多事物都没有一个清晰的认识,对于国内外重大事件的关注不够。在政治信仰方面,大学生正处于认知能力和判断能力的提升与健全时期,容易受到一些来自网络、社会的负面因素的影响,一旦模糊了自身的判断力,就不利于形成正确的、坚定的政治信仰。这也说明我们的高校思想政治教育还存在着很大局限,部分学生在很多方面处于盲目的状态,对自己没有规划,得过且过,好高骛远,缺乏积极进取的精神和脚踏实地的行动,对于国家大事没有一个正确的认识,这些都表明大学生的培育与党和国家对青年的期待还有一定的差距。青年学生的培养有利于党、国家和社会的长期发展,由此需要高校广大教育主体共同努力、协同育人,使各主体的育人力量得到充分发挥,构建高校德育的良好局面。

三是试点高校课程思政的实践和经验。高校课程思政建设实践始于上海的一些高校,例如,上海中医药大学,其作为最早明确提出在专业课程中开展思想政治教育理念的高校之一,在"人体解剖学"课程中开展了思想政治教育的实践，要求医学生向"大体老师"鞠躬以示对生命的敬意；上海大学通过策划"创新中国"课程，以科技创新为主题，以上海大学强势学科为亮点，文理工经管结合，多学科渗透，引领学生站在世界看中国，了解中国的发展需要，让学生在了解国情的同时培育创新精神和创新能力；上海师范大学人文与传播学院开启思想政治教育融进专业课程改革试点，从文学、新闻学、史学、法学等意识形态属性较强的人文社会学科入手，探索在专业课程中融入思政教育的有效方法。这些高校从核心课程入手，表明了课程思政教育教学改革的决心和勇气，坚持思想和行动、实事求是和积极创新的统一，提高了课程思政的影响力和带动性，作为课程思政建设的先发力量为之后的高校课程改革提供了宝贵经验，进一步激发了课程思政潜力。现在，正是有了课程思政的先期探索，才有越来越多的高校积极引进课程思政理念，因校制宜，主动投身到课程思政建设中，使高校思想政治教育焕发新的生机。

2. 课程思政提出的意义

课程思政的提出，有着重要的理论和现实意义，它不仅是教育理念的创造性发展，更是高校立德树人的保证。

首先，课程思政的提出，意味着高校育人理念的新发展。随着教育活动的深入开展，教育理念相应地也要发生变化，传统地思政教育理念已经不能很好地适应教学实践，因此，必须积极探索新的育人理念，从而推动高校思想政治教育的有效实践。目前高校思想政治教育工作过度依靠思政课程，对其他各类课程的育人功能认识不足，忽视了高校育人的整体性。针对这一突出问题，必须调动各教育主体的育人积极性，共同努力，仅仅依靠思想政治理论课往往势单力薄，难以完成育人这一根本任务，这就需要树立协同育人的理念，重视发挥各类课程的育人功能。课程思政的提出，正是为了解决过多依赖思想政治理论课的局限，发挥课程思政的有益补充作用。高校育人理念的目的就在于让所有教师都明确自己的育人职责，并将其落实到日常教学中，把课程思政做实做细。

其次，课程思政的提出，意味着学生主体作用的有效发挥。学生主体作用的有效发挥始终是学校教育的追求目标。要从学生成长、成才的实际出发，不断创新教育方法，紧跟时代发展，采取互动式、辩论式等易于学生接受的教学方法，构建平等和谐的师生关系，营造轻松愉悦的教育氛围，以调动学生学习的主动性。只有师生实现平等对话、平等交流，才能激发学生的创新思维和创造活力。通过将专业课程中的德育元素归纳整理，系统挖掘，让学生在潜移默化中既丰富了自己的学识，又形成了正确的道德认识，帮助引导学生充分体会学习的重要意义，充分强化大学生的学习动力，激发上课的积极性，形成努力学习的内驱力，从而实现自身的全面发展。

最后，课程思政的提出，意味着高校意识形态工作的进一步强化。在新形势下，高校容易受到各种社会思潮、各类利益群体、复杂思想观念的影响，必须进一步强化意识形态的重要性，加强防范意识，尽力将风险降到最低。通过探索扭转高校教书与育人相分离趋势的有力措施，认真思考各类专业课程育人功能的有效发挥，进而改革课程教学，提高思政课教学的实效性。高校的意识形态工作关系到学生的未来。因此，高校应积极作为，勇于面对新形势出现的新挑战，将高校意识形态工作做细做好，实现学校管理和课程建设的完美结合，只有这样才能不断加强高校的意识形态建设。因此，课程思政的提出正是对加强高校意识形态建设内在要求的充分体现。

（二）课程思政的理论依据

1. 马克思主义理论和思想

（1）马克思主义关于人的全面发展理论

高校课程思政理论主要体现了马克思关于人的全面发展理论。马克思认为："全部社会生活在本质上是实践的"[①]。教育活动始终将实践作为核心贯彻其中。一方面，学校教学的内容是实践的结果，是一代代人经过实践形成的并且认为是正确的内容，通过一定的教学环节将其传授给学生；另一方面，随着社会的发展进步、人们认识的深入及水平的提高，教学内容作为一种间接的知识需要教育主体在实践中不断检验。此外，实践作为人类特有的活动具有主观能动性。在以往的教育活动中，存在着许多学生被动地参与教学实践的情况，这样不仅不利于教学效果的实现，还会引起学生的不满。因此，需要充分发挥各教育主体的主观能动性，推进教学

---

① 顾燕峰著. 马克思生活观及其当代价值［M］. 上海：上海社会科学院出版社. 2019.

实践。

  人的全面发展不仅仅是智力的发展，还包括人的体能、道德品质、自由个性、社会关系、志向与兴趣，以及各方面才能全方位多角度地发展，重视人发展的全面性和自主性及整体素质的提高，这与高校课程思政教育理念相契合，为高校课程思政建设指明了方向。人的全面发展是国家公民整体素质的提升，是整个社会成员的共同发展，在各个方面都要重视教育对人全面发展的作用。课程思政是以马克思主义基本观点为指导，向学生传授有关马克思主义理论及其中国化的成果，其本质目标是培养学生成为全面发展的现代职业人。由此可以看出，课程思政的教育目标，与马克思关于人全面发展的理论在本质上是一致的，后者构成了课程思政的内在理论基础和根本价值目标。课程思政是新时期教育思想的创新，从实践上解决了高校思政课和专业课显著分离的不良状况，实现了"三全育人"的新格局，为国家培养了更优秀的人才。

（2）马克思主义教育思想

  我国所取得的辉煌的教育事业成就，以及今后的教育事业发展，都是在马克思主义及其教育思想指导下前行的。马克思认为"教育一般来说取决于生活条件"，而不是教育决定社会[①]。教育的开展必须基于社会实际状况。在新时代的今天，信息高速化加快了社会思潮的传播，这对于新时代青年的行为和思想影响愈加深刻。课程育人是社会发展的必然要求，课程思政能发挥每位教师的育人作用，并与思政课教师共同承担培养全面发展的时代新人的重任。我党历来都非常重视教育，马克思主义的教育思想为课程思政的提出提供了理论依据。课程思政的建设，要求动员全校人员投入到思想政治教育工作中，保证学生的专业知识和价值认识都能得到充分的发展，实现个性解放和全面化发展。课程思政的开展必须有效运用社会生活内容，开展形式多样的实践教育活动，引导大学生更加全面、深入的了解社会生活，在社会生活实践中深度发掘自身价值，进而将个人价值实现与中华民族伟大复兴的中国梦想有机结合。同时，还要拓展思想政治教育的新视野。作为一项立德树人的社会实践活动，课程思政更为关注教育者与学生之间思想意识方面的交流，即归属于精神交往的范畴。在精神交

[①] 马克思，恩格斯著；苏联教育科学院编；华东师范大学《马克思、恩格斯论教育》辑译小组译. 马克思、恩格斯论教育 下 [M]. 北京：人民教育出版社. 1986.

往层面,单纯地进行知识灌输而非价值引领,难以达到课程思政教育铸魂树人的教育目的。

2. 列宁关于课程教育的论述

列宁关于课程教育的相关论述颇多,主要体现在两个大的方面。一是列宁认为教育与政治存在着互相依存、不可分割的关系,学校对学生的教育往往与政治有着直接的关系。教育与政治的联系是必然的,是不因社会制度和意识形态的不同而改变的,无论什么时候,教育与政治都是不可分割的[1]。二是强调课程的思想政治方向是由讲课人员所把握的。方向一旦确定,就确定了努力的目标,在课程教育中需要有正确的思想政治方向做指引,否则一旦方向错了,也就不能保证学校所培养的学生会为祖国与社会的发展所服务,导致所做的努力都是徒劳无功,甚至还会造成较大损失。列宁还指出在哲学等社会科学课程上也要坚持学校的性质和方向,而不允许讲课人员成为"在哲学上对马克思主义进行批评的'批评家',宣传自己特殊的哲学观点[2]。"这一点充分体现了课程教育要以马克思主义为指导。列宁强调了教育者在课堂教学中坚持正确思想政治方向的重要性,对于我们今天推进课程思政建设具有一定的指导意义,为全员育人奠定了深厚的理论基础。

3. 道德教育理论

学者劳伦斯·柯尔伯格(Lawrence Kohlberg)指出,德育应以学生为主体,坚决反对传统的灌输式德育方式,因为这种方法无视学生的自由意志,也无视学生的发展水平和自由活动[3]。在道德理论活动的实践中,单一的教育方法会让教育变得枯燥乏味,不能吸引学生学习的注意力也不能激发学习的热情。因此,在课堂教学中,可采用各种新颖的教学方式,重视教育者的指导作用,充分发挥教育对象的重要作用,将课堂教育与德育相结合。同时结合学生自身道德教育实际情况开展相应教育工作,培养学

---

[1] 列宁著;华东师范大学《列宁教育文集》编辑组编. 列宁教育文集 上 [M]. 北京:人民教育出版社. 1984.

[2] 列宁著;华东师范大学《列宁教育文集》编辑组编. 列宁教育文集 上 [M]. 北京:人民教育出版社. 1984.

[3] (美)柯尔伯格(Lawrence Kohlberg)著;魏贤超,柯森等译. 道德教育的哲学 [M]. 杭州:浙江教育出版社. 2000.

生的思想意识，同时提升其德育水平。目前，我国高校没有开设独立的道德教育课程，主要通过思想政治理论课来对学生进行道德教育，或是融合在素质类课程中开展的，导致学生不能全方位的获得道德教育。课程思政理念的推行，使道德教育自然融入所有专业课程之中，不仅能够提升课程育人功能，而且能激发学生的学习主动性。

4. 隐性教育理论

隐性教育侧重于使受教育者在自然轻松的状态下受到感染和启发，从而更自然的接受教育的内容。学者瓦·阿·苏霍姆林斯基（B·A·Cyxomjnhcknn）曾指出，教育者的目标越隐蔽，教育的对象越容易接受，就越能转化成自己的内心要求。课程思政的实现方式是从专业课中寻找行业相关的思政元素，使学生在学习专业知识的同时获得职业道德教育，这样更能得到学生的接受和认可，起到润物无声的作用。美国哲学家杜威的间接道德教育模式提出，不应将道德教育视作单一课程开展传授活动，应将德育融入不同的知识体系之中，潜移默化地实现育人目标。课程思政正是以专业课程为载体，实现育人目标的重要方式。

5. 思想政治教育接受规律论

接受通常被人们理解为认可、接纳的意思，有自发性接受、指导下接受和自觉性接受三种形态。思想政治教育理论中关于接受的概念是在接受的概念的基础上发展而来，思想政治教育活动是一种内化的过程，但事实上，受教育者也有一定的外化反应。教育者与受教育者构成一对矛盾，其中受教育者不是被动吸收，而是具有能动性。尤其是在教学进行到一定的程度时，学生对于教育内容的选择性和能动性更强，同时他们能否将教育内容外化于实践，也是受教育者能动性的主导。利用教育者和受教育者这一双向互动规律育人，能够使教育者有效把握受教育者的主体地位，改变单一传授知识、忽略学生主体地位的教学方式。在教学过程中，教师要主动了解所教学生的需求和期待，提高自身能力和修养，满足受教育者的期待。同时，教育者要善于发现和引导受教育者的创新期待，促进其实现，从而调动受教育者的积极性和能动性，取得思想政治教育实效性。教育者要根据受教育者的需求进行传授知识，但是不能一味地去满足他们，而是要以改善和提高受教育者的主体性为目的，让他们自主地去接受、内化及外化。教育者的施教过程制约着受教育者的接收方向和水平，在社会价值目标的指引下，引导学生朝着这一价值目标进行发展。这就意味着各类教师在课堂教学中，不仅要能够引导学生学习各门课程的专业知识，同时也要能够引导学生的思想道德发展方向。当然，受教育者的接受过程也制约着教育者的施教过程，例如施教内容的难易程度、有趣性、实用性等问题都与受教者的接受相关。因此，思政理论课教师在授课时要从受教者的实际情况出发，关注受教者之间的差异、适应受教育者的心理特点；其他各类教师在实施课程思政的过程中，要在教授课程内容中渗透思政教育元素，采取适当的教学方法，达成教学目标和育人目标。

6. 有效教学理论

课程思政推进过程中要求实现全方位、全过程育人，这与有效教学理论完全契合，注重推动教学自身的全面性、有效性的设计与发展。这是因为，课程思政建设的本体性价值在于彰显教育教学的初衷，即推进学生全面发展。从达到有效教学的过程来看，它不仅需要教师精心组织设计，更需要教学体系、教学目标、教学原则等方面的不断完善，属于一个各单元协同合作，各阶段逐步优化的过程。而课程思政建设正是要求各学科协同育人，各阶段不断融合，这一点促成并保证了教学实现的有效性，符合有效教学的基本要求。从课程内容来看，无论是思政课程、专业教育课、综合素养课，还是第二课堂，都要求实现理论与实践的统一、科学知识与正确价值观的统一，这是有效教学理论在课程思政假设方面的具体体现。

7. 中国共产党领导人对课程思政的指导意义

中国共产党成立以来，多位领导人关于高校"课程思政"有着诸多论述和指导思想，从一开始对思政课的认识，到对课程所坚持方向的认知，再到对各类课程各教育者都具有育人功能的倡导，体现了对课程思政建设的探索过程。

（三）课程思政的实践依据

1. 意识形态教育的复杂性

从根本上来说，新时期课程思政的现实推进源于意识形态教育的极端重要性和复杂性。作为"软力量"的意识形态标志着一定的阶级和利益集团对社会形成了独立力量。对于意识形态的极端重要性，马克思在其著作中也有所提及，"如果从观念上来考察，那么一定的意识形式的解体足以使整个时代覆灭。"由此可见，意识形态工作的开展既需要从顶层设计上赋予现存政治制度以合理的思想体系，又需要通过各种方式引导社会成员认同这些思想观念，使社会成员在价值选择和行为实践各方面能自觉地遵循思想观念的指引。意识形态正是通过教育的手段才为社会成员所接受并成为他们实践活动的内在依据和真实动机，它需要借助一定的价值符号去论证社会政治经济制度、社会决策及社会运行秩序的合理性，这个过程涵盖社会的方方面面。因此，意识形态教育是一项涵盖多元因素的综合议题，关键在于如何实现社会成员在行为实践、情感生成、态度倾向、价值选择、理想信念形塑等方面的内在统一，并且使以上诸多方面符合社会主流意识形态。校园教育承担了意识形态教育的很大一部分任务，它也是意识形态教育的主要领域，整合了高校诸多教育资源形成意识形态、教育、育人合力需要从课程这一主要的育人载体着手，通过课程搭建起个人与社会、实践活动与思想信念体系内在转化的桥梁。以课程为载体整合教育资源、实现意识形态教育目标，需要以明晰各个学科蕴含的具体价值取向，与社会主义核心价值关系为思考前提，在良好的课程教学环境中推动社会主流意识形态的生成，以积极的思想观念引导学生在构建学科知识体系的同时，形成正向的情感态度、科学的思维方式、正确的价值选择和坚定的理想信念，使学生在面对社会多元价值信息时能够自觉地倾向于符合主流意识形态要求。

2. 立德树人根本任务实现路径的多维性

党和国家始终把培育共产主义信念和社会主义意识形态作为教育的核心要义，高校承担了育人的职责和使命。立德树人根本任务经历了阶段性的演进逐渐明晰：从中华人民共和国成立到20世纪六七十年代，教育工作主要强调对国家、中国共产党和社会主义的认同，培育爱国主义精神、社会主义觉悟和共产主义情怀，以及树立辩证唯物主义和历史唯物主义观；20世纪八九十年代注重政治方向和社会主义发展方向的正确性，拥护党的领导，将有理想有道德放在了"四有新人"的前列；进入21世纪教育重视世界观、人生观、价值观的教育，树立社会主义理想和信念。新时期，更加注重立德树人的历史使命，在培育担当民族复兴大任的"时代新人"的整体规划中，将"立德"置于了关键地位。由此可见党和国家一直将培育社会主义建设者和接班人作为教育主线贯穿于各个环节。要达成立德树人的使命不能仅仅依靠思想政治理论课，可将其定位为一项系统育人工程，多渠道利用各类教育载体，丰富思想政治教育的主体，建立健全思想政治教育长效机制等多个维度共同推进育人目标的实现。新时期意识形态教育目标的实现和立德树人根本任务的完成，应该拓宽思想政治教育的外延，围绕思政课程和各类课程的核心，以日常思想政治工作为辅助，构筑系统科学的思想政治育人环境。

3. 思想政治教育课程建设和改革的不断推进

长期以来，价值引领在高等教育中的作用仅限于思想政治理论课。在非思想政治教育专业中，思想政治教育存在"边缘化"甚至无知现象。这给高校思想政治教育工作的发展带来了巨大挑战，为解决思想政治教育与专业素质培养的错位问题，在各类课程教学中实现知识传递与价值引导的同频共振，就成为当前工作的重中之重。课程思政的推进，既适应了思想政治教育课程改革的需要，也是思想政治课程改革在新时期的长期实践中的探索。

课程思政理念逐渐明晰和得以确立。第一个阶段是依托教学各个环节强化思想政治教育，重塑青年学生对共产主义的理想信念。在20世纪80年代党中央和国务院就有了将高校部分课程，特别是一系列思潮课作为马克思主义理论课的补充的意识。党中央在党的十二大报告中强调了共产主义精神的重要性，随后，教育部先后印发了《关于在高等学校逐步开设共产主义思想品德课程的通知》和《关于高等学校开设共产主义思想品德课的若干规定》，坚持以马克思主义为指导促进教育工作整体推进，以马克思主义意识形态占领育人主阵地，削弱错误思潮传播的渠道。这一时期高校以一系列思潮课程和相关讲座讨论支撑马克思主义理论课教学，并且为了回应时代变革尤其是科学技术革命对思想领域的巨大冲击，哲学社会科学、自然科学、艺术类等学科依据自身特点，从不同领域支持了马克思主义理论课的发展。这个阶段其实已经折射出党和国家，将高校其他课程和马克思主义理论课共同推进的思想政治教育的倾向。

第二个阶段，强调马克思主义理论教育与哲学社会科学的衔接。20世纪90年代，高校掀起将马克思主义最新理论成果引入教科书、课堂、思想的热潮，将马克思主义最新理论明确渗透到哲学、政治经济学、科学社会主义等思想政治理论中，积极将马克思主义最新理论成果融入哲学、社会科学相关学科的教学环节。进入 21 世纪，教育部强调，哲学社会科学研究人员和思想政治工作者是主体，马克思主义理论是教育中的力量，认为哲学和社会科学是从属关系。中国大部分学科都有思想教育的空间，哲学社会科学课程也可以承担思想政治教育的功能。第三阶段明确提出，高校所有课程都要承担思想政治教育的责任。

四、新时期课程思政理念的形成与课程思政的当代价值

（一）新时期课程思政理念的形成

2005 年，在上海市推行的"学科德育"教学改革中，教育主管部门要求将德育内容和中小学的各门课程相关联，将德育功能的发挥诉诸学校的各类课程，同时要求每位教师承担起德育责任。2010 年，上海市在"整体规划大中小学德育课程"的实践探索中，寻求德育课程一体化设计方案，旨在实现大中小思想政治课程的有效衔接；发挥第一课堂的主渠道作用、第二课堂的文化与实践育人作用、拓展网络教育的运用范围，以及切实提升网络教育的教育内涵；实现学校、家庭和社会"三位一体"的综合育人效应。2014 年上海教育综合改革将大中小幼德育一体化作为重点，将"立德树人"的根本任务嵌入整个教育体系，将思想政治教育渗透到学校教育的全过程，推进构建立体化育人模式，同时与高校全方位、全过程、全员育人的思想政治教育体系建构过程相得益彰，"课程思政"理念逐渐形成。自 2014 年以来，上海高校探索了从思政课程到课程思政的转变，逐步推进"课程思政"理念的形成与发展，并选取了部分高校进行试点，着力发掘综合素养课和专业课程蕴含的思想政治教育资源。2016 年全国高校思想政治工作会议，习近平总书记在会议上指出："要用好课堂教学这个主渠道，思想政治理论课要坚持在改进中加强，提升思想政治教育亲和力和针对性，满足学生成长发展需求和期待，其他各门课都要守好一段渠、种好责任田，使各类课程与思想政治理论课同向同行，形成协同效应"。习近平总书记在第二十三次全国高等学校党的建设工作会议的讲话中指出，"办好中国特色社会主义大学，要坚持立德树人，把培育和践行社会主义核心

价值观融入教书育人全过程"①。

在近几年的思想政治教育工作的相关会议和实践课程中，课程思政也得到广泛认同。在 2016 年改革和创新高校思想政治工作会议中，复旦大学马克思主义学院陈金华教授认为，只有从学生关心的现实问题入手，才能增加马克思主义理论的解释力和思政课堂的吸引力②。杨涵（2018）则认为应该主动转变思路，加快思政课程向课程思政的转化，从而打破传统思政教育理念，拓展和深化思想政治教育的内涵，实现"大思政"格局③。2018 年 1 月 9 日，中央电视台《焦点访谈》节目专题报道了上海外国语大学和上海其他高校开展课程思政的情况。这在中央电视台是首次，引起了全国的关注和热议。习近平总书记的讲话和教育部的要求，明确了开展课程思政建设的总体方向和主要任务。2018 年 8 月 29 日，《人民日报》又以"把思政之'盐'溶入教育之'汤'"为题，专题报道了上海高校开展课程思政的情况。中央提出的课程思政建设，正是在新时代学习贯彻落实习近平总书记重要讲话精神，充分体现全员、全过程、全方位育人发展理念总要求的大背景下，进一步有效提升高校思想政治教育的针对性和实效性而开展的教育教学改革的产物。

（二）课程思政的当代价值

高校将对学生的思政教育融入各个专业课程的教育教学改革中，并对学生进行不间断的社会价值引导与专业知识传授，从而在润物无声中创造性地实现立德树人的根本目标，为培养新时期的社会主义建设者和接班人创造了重要条件。

课程思政实现了专业知识与价值引领的有效结合，成为学生学习专业知识及提高其思想政治品德的有效途径，实现了育人效果的最大化。从字面含义来看，课程思政同时具备了思想教育的人文属性和价值理念的道德引导属性，而这两个属性在本质上都是基于人才培育的目的而存在的。高校长期以来只注重专业知识的讲解，忽视了教学的德育功能，背离了教育

---

① 引自 2014 年 12 月 29 日"第二十三次全国高等学校党的建设工作会议"
② 引自 2016 年"改革和创新高校思想政治工作会议"讲话
③ 杨涵. 从"思政课程"到"课程思政"——论上海高校思想政治理论课改革的切入点[J]. 扬州大学学报（高教研究版），2018，22（02）：98-104.

的初心。教育不应只是传播知识的渠道，更应发挥其育人功能。课程思政通过将思政理论内涵融入专业学科教学中，重新激活教育的价值导向功能，使学生在学习专业知识的同时形成科学的世界观和人生观；与此同时，通过梳理辨析多元的价值理念，学生能够更加明确自身的价值追求，并且增强对核心价值观的认同感和维护意识。

课程思政改革的推行实现了传统文化和现代文化的有机统一。追溯中华文化的发展历程可以发现，政治思想始终伴随其生长繁衍。课程思政理念作为传统文化的接续，通过道德品质和思想信念的熏陶来培养学生的人文素养。在新的时代背景下，由于一些错误舆论的影响，加之思政工作的实效性有限，部分学生很容易走入价值认知的误区。课程思政教育理念的提出就是为了及时防范这一现象，确保学生在马克思主义科学思想的引导下不断向前。

第二节　课程思政建设面临的困境

一、课程思政核心理念认识不明确

（一）德育之"德"与立德树人之"德"存在混淆

学校管理者层面。例如，有的学校领导层面对课程思政立德树人的方向、目标等认识较为明确，具体将"德"的内涵深化为职业道德、生命价值与奉献、友爱的人文关怀。但是，政治认同与职业道德、个人道德有共通更有相异之处，尤其是随着社会道德水平的发展，国家政治这一层次与具体的社会道德及个人层次、个人意识中的道德准则是有着本质区分的。

学校教师层面。有的教师认为，课程思政的思政就是思想政治，凡是精神层面的内容都可以是思政教育的内容，如"格物、致知、诚意、正心、修身、齐家、治国、平天下"及"善恶观"。在其担任课程的教学过程中，主要将传统意义上的道德精神、对人的关爱、对生命的尊重作为"思政元素"。有的教师认为，思政，第一要强调的是思想，这是对于理想信念的要求；第二要强调的是思考，在课程建设中，也要让学生学会主动地去思考和思辨。在其承担课程的教学过程中，充分挖掘专业知识所蕴藏的人文精神与科学精神，培养学生仁爱之心，让学生学会感恩。还有的教师则认为课程思政就是表达"善恶观"，教师落实课程思政就是体现为人师表，上课时注意自己的言行举止，尽量传播正能量，认为"刻意就变味了"，加上本身教学课时就比较紧张，"课程知识内容都讲不过来"。不同教师对课程思政的不同理解导致了育人目标、主动性的各不相同。由此可见，课程思政在不同学科、不同课程、不同教师之间的落实效果是不平衡的。

学生层面。绝大多数学生认为立德树人之"德"主要为公民道德，大学生群体普遍存在着对社会主义建设者和接班人的政治方向，与普通公民道德教育、大学生德育混淆的现象。立德树人与大学生德育有着本质区别，而大学生德育的教育目标是传统意义上的公民品德，或称之为人生教育。大学生的德育规范与全体公民的价值观教育有着目标与内容上的共性、共通、共融，都属于人生教育的范畴，但作为社会主义建设者和接班人来说，应当认识到立德树人要坚持把人才政治方向的培养放在第一位。

（二）推行课程思政的自觉性不够

无可避讳的是，现实环境中实施课程思政的主要动机是实现学科评估相应指标、示范课程建设、上级督导及发现问题后的补充或整改，而缺乏实施课程思政的自主性、自觉性，多数是被动、被要求实施。另外，考核、评估的指标化往往导致部分教师内生动力受损，其主观实施的积极性、自觉性大受影响。还有部分专业教师本身有着良好的、自觉的价值教育出发点及愿望，却不得不妥协于较为繁重的专业教学和科研任务，其主观开展课程思政的自觉性、能动性，被"硬性工作""硬性任务"挤占。正如有的教师所言"上课都来不及"，也是由于对课程思政教学理念的本质内涵、目标意义把握不够、领会不深，导致了认识不到位、不充分，在实际实施过程中自觉性不够。近年来在国家"双一流"建设的驱动下，高校领导把主要精力投入到一流学科建设上，放在衡量高水平办学的指标提升上，办学理念偏向于对高显示度指标的获取，因此专业课与思政课同向同行、协同育人的课程思政教学改革还有待加强。部分高校专业课教师落实课程思政不到位，导致高校落实立德树人根本任务的主要抓手落空，课程思政实施不自觉、不彻底。

二、课程思政组织体系构建不完善

校党委宣传部负责全校的思想政治工作，教务处是课程思政教学改革的管理部门，马克思主义学院是课程思政教学改革的指导部门。在落实层面，校党委宣传部通过组织全校性的相关理论学习活动，来开展课程思政引领；教务处也发挥了课程思政的管理职责，对二级学院贯彻落实明确提出了相应要求；马克思主义学院一方面受邀指导各二级学院开展课程思政，同时也时刻围绕课程思政与校党委宣传部、教务处保持协同会商机制。校党委宣传部的思想宣传、舆论宣传，教务处的日常教学运行、学科建设，马克思主义学院的思想政治理论课教学等，都是学校工作体系内相对艰巨、繁重而且非常重要的工作任务，但在课程思政改革的具体工作方面目前尚未明确，例如，校党委宣传部下属哪一科室来贯彻课程思政，教务处谁来具体管理课程思政，马克思主义学院到底由谁来负责。国内高校在推进实践的过程中也纷纷都明确了课程思政上层管理层级即高校党委的主体责任，高校党委之下有分管校领导负责，然后确立一个主要部门来牵头负责管理，比如学校教务处负责、马克思主义学院引领、二级学院自行组织三种实践模式等，有着各自的优缺点，孰优孰劣暂难考量。但是在制度安排和运作实践中，仍然无法确定高校课程思政中层组织架构内的教务处做什么，马克思主义学院做什么，二级院系该承担什么责任。甚至在学校党委的宣传部门、学生工作部门、统战部门的分工协调过程中厘不清各自职责，责任共担往往会造成相互推诿。因此，高校内部的课程思政组织体系构建、校党委之下的责任主体明确、部门间的协同机制仍需确立和完善。二级学院中层组织层面，由于多数高校的二级学院党组织负责同志，如分党委、党总支、直属党支部书记，并不直接分管教学，多数管理干部出身的基层党组织负责人并不参与教学，导致现实中二级学院党组织负责人对教学、教学管理没有足够的话语权，对所在院系的任课教师也没有直接管理权限。部分分管教学的二级学院副院长不是中共党员，而是其他党派。所以，二级学院课程思政落实存在着三方面的问题。

①党建引领课程思政教学不够，党组织领导课程思政教学改革没有抓手，尤其是对非党员教师的课程思政落实需要加强指导和管理。②教师尤其是自然科学学科教师的政治素养、政治觉悟需要得到切实有效的提升。③由于学校学科属性、专业背景、教师学习背景导致教师教学过程的管理难度较大，而二级学院对教师也缺少真正有效的教学实施管理、约束机制。

三、课程思政制度可操作性不强、效果不佳

对于各高校相继出台的《XX大学推进课程思政工作实施方案》而言，有的大学的相关落实安排及组织保障是全面的，具有引导各学院、各部门开展课程思政的全校层面推进意义，并以校级文件的形式来发布，具有一定的权威性和强制执行性。但在操作层面，学校和二级院（系）尚未有在"人、财、物"及"权"等方面的具体实施细则。

然而，一些高校虽然出台了本校的课程思政实施制度，制度的推行却仅停留在文件的文字中和会议精神的传达上，没有具体的实施措施。学校出台的制度一般为全校层面的工作总体安排，往往造成了"口号化""条块化"和"运动化""无序化"。出台的课程思政实施办法的相关文件中虽然包含指导思想、工作目标、主要举措及实施保障四个方面，但在举措和保障两个本应重点布置的工作方面，却缺少相应的权责细化和任务分解，实施保障条款中虽然成立了校领导牵头的领导小组，而小组如何落实课程思政、怎样推行课程思政均无制度安排。党委宣传部、教务处、人事处、学生处、马克思主义学院等部门和学院的协同联动，既没有路线图，也无可操作性的、需要协同的具体事项。该办法提出了工作考核任务，但方案中却没有实施评价的相应条款。因此，由于学校课程思政制度缺乏操作性，缺失评价体系，在实际落实过程中会造成课程思政缺少应有的实施支撑并影响实践的长期性。

在课程思政制度落实效果方面，在日常教学实践过程中教师本人自主实施的一些好的做法、部分教师开展课程育人的主动作为等，很难受到学校层面的应有关注与适时鼓励。而发表科研论文、申报课题、参加竞赛等"短平快"项目彰显度最高，真正在日常的、普遍性的教学过程中认真贯

彻课程思政、执行教书育人的老师很难被学校全面掌握到情况，更缺少评价和激励。

四、综合评价体系不够健全

虽然有的高校已经建立了教学督导队伍、学生信息员制度、领导干部听课制度、学生网上测评教学制度等来掌握课程教学情况，但课程的思政教育评价尚待有效融入上述教学过程的管理与监督体系。例如，学生信息员只可能反馈教师的教学秩序情况、知识讲解能力及学生学习掌握情况，当前不可能去反馈课程思政落实情况，最多也只能搜集师德师风方面的有关信息。因此，课程思政的有效评价体系尚待建立和完善。

在对教师的评价方面，高校教师考核评价结果是高校教师选用聘任、薪酬、奖惩等的重要依据。教师的教学、科研成果和育人成效相比，前者更为容易得出结论，更具可操作性。而对课程思政的绩效评价，过多侧重于教师参与"活动"的评比、课程思政学术成果的评比，而忽略了教师在日常教学、平时应用过程中的实际效果评估。在日常教学环节中，教师到底有没有落实课程思政系列活动所展示的理念、内容、方法以及落实效果到底如何却被忽视。在教学一线真正探索课程思政的教师，与教学过程中只讲解学科知识的教师，该如何区分并形成全面评价？也就是在日常教学中，课程思政教学改革做与不做、做得好不好，学校有关部门尚缺渠道和体系去观察、掌握情况，客观评价难以形成。尤其是事业单位全面实行绩效考核后，没有将课程思政推进质量、内容、成效等落实情况，纳入院系教学绩效考核指标体系与职称评定指标体系中。

五、师资队伍培训不够系统化

虽然高校的管理干部、思想政治理论课教师经常系统化地、分批次地到省委党校或省级干部培训部门接受思想政治理论学习和培训，但对专业课教师的政治理论学习仅局限于校内组织的政治理论讲座报告、会议精神传达，缺乏系统性。实际上专业课教师的政治学习情况也要重视，虽然学校层面的每一次政治理论学习基本上都要求各专业学系负责人、副高以上职称的专业课教师参加,并要求考勤刷校园卡,但与会专业教师往往很少。这是因为不参加学校政治学习,对教师的年终考核、工作量考核、教学科研考核乃至职称晋升、升任硕导与博导等均不影响。在单一化、单次学习都无法保证的前提下,系统化培训难度更大,但也因此更加需要。而各类培训中较少对政治理论有的系统安排,所以加强大学教师政治理论知识的培训是重中之重。

师资培训的缺失给课程思政的思政教育实施带来了理论运用及思政教学能力的局限,政治素养的缺乏会带来课程思政思想教育、价值教育等根基不牢靠的风险。专业课教师实施教学的过程中,对于本课程的知识掌握与传授一般问题不大,然而如果对"思政"概念及其内涵的认识不清楚、开展思政教育教学的能力不足,就会导致其主观上与客观上都实现不了课程思政的预期目标与效果。

在思想政治理论课的协同指导方面,2017年9月,教育部印发的《高等学校马克思主义学院建设标准(2017年本)》在思想政治理论课教学组织中明确指出,要"充分发挥思想政治理论课的主渠道作用,充分发掘和运用各学科专业蕴含的思想政治教育资源"[①]。而当前,很少有高校做到专业课程教师系统化地,与本校马克思主义学院思想政治理论课教师充分对接,在思政教师的指导下共同挖掘本课程的思想政治教育资源。

第三节 课程思政的实践探索分析

自2017年以来,国内各高校在总结上海各高校课程思政建设经验的同时,围绕课程思政教学改革纷纷开展实践探索。各校主要按照国家、教育部和当地教育行政管理部门出台的政策文件,结合本校的专业特点、学科特点和学生特点,开展了一系列学习培训、教学活动、成果宣介等工作。从实践探索的内涵角度,大体可以划分为以下五个方面。

---

① 教育部.《高等学校马克思主义学院建设标准(2017年本)》.2017年9月.

一、制度建设

围绕国家关于推进落实课程思政教学改革的有关政策,众多高校纷纷出台了本校的课程思政实施方案等制度文件,作为本校课程思政的顶层设计。例如,安徽建筑大学课程思政实施方案中明确了加强组织领导、加强协同联动、强化工作考核、提供经费支持等要求;湖南工学院课程思政实施方案中也提到了加强组织领导、加强协同联动、强化工作考核三个方面;温州大学推进课程思政实施方案中也提到了相同的三个方面,最后一个方面是激励机制,与安徽建筑大学实施方案中的经费支持有共同之处。大体上所有高校制订的本校课程思政实施方案在这几个方面是相同的,这也从侧面体现了高校课程思政在校级层面的制度建设显得较笼统,趋于同质化。

二级院系是落实课程思政教学改革的主要部门、关键部门。如哈尔滨理工大学软件与微电子学院制订的课程思政实施方案围绕工作目标、实施办法、保障与激励等做出了具体安排。然而,除了部分高校的独立设置学院(下属公有民办学院)之外,很难再了解、掌握到其他高校的二级院系层面出台的课程思政实施方案材料,但关于落实本校的课程思政相关的教学活动、评比等所制订的操作办法却比较丰富。

二、组织架构

明确了高校党委实施课程思政的主体责任和领导地位,学校党委负责人即高校党委书记是第一责任人。如北京第二外国语学院党委书记顾晓园认为课程思政教学改革是"一把手"工程。大连工业大学党委书记葛继平对高校课程思政实施工作做了直接布置,包括:第一,明确内涵;第二,分步推进;第三,明确责任;第四,完善政策。在高校内中级层面的课程思政实施组织方面形成了三种模式:第一种是学校教务处发挥着引领性的作用;第二种模式则是,由马克思主义学院发挥协同引领作用;第三种模式是学校党委或党委的工作部门如宣传部统领,二级学院或二级教学单位自行组织推进、并驾齐驱。虽有三类因不同组织体系产生的不同观点,但是至少提出了课程思政该由哪个部门牵头、承担的问题，避免了职责、权责不分。

三、指导培训

第一种培训方式以讲座形式为主，例如，上海市以邀请相关高校的专家学者开展辅导报告作为主要特点，举办讲座的同时开展"工作坊"，"工作坊"是以一名主讲人为核心，大概几十名教师组成小团体，在该主讲人的指导之下，进行讨论、讲述或通过其他多种方式共同探讨课程思政。主讲人都在高等教育领域有所建树，主要包括：高校党委或行政负责同志、某一课程实施课程思政的"名师"、马克思主义学院有关负责同志、马克思主义学院教师等。然而，主讲人对课程思政到底有着何种程度的理论研究或值得推广的实践经验却无法探其究竟，也就是主讲人作为课程思政实施的指导者这一资质的确定没有科学性，导致辅导内容、质量得不到保障。第二种培训方式是以研讨会的形式开展，当然有些学校组织的研讨会其实在性质、形式上还是属于"讲座"，即一人主讲、他人讨论，或者是领导主讲，其他参会者谈感受。另外就是全国、全省范围内的关于课程思政实施层面的讲座报告、研讨会，参与的教师数量与某一学校教师总量相比较少，缺少覆盖面。

四、实践探索的呈现

（一）以科研出成果

由于高校特殊的工作机制，尤其是教师的职业发展体制，使教师在推行课程思政教学的同时，常将本课程的教学内容和课程思政相结合的做法作为学术论文等形成的科研成果。这一做法既有学校推动的因素，比如组织课题申报和科研立项，也有教师注重自身成果的积累，而主动参与改革实践、开展学术提炼。

(二) 以活动为形式

课程思政的教学过程中可以加入讲课竞赛或说课比赛、课程思政主题活动月、教学案例征集、集体备课等。这些活动的特点是形式丰富、效果明显，虽周期较短，但能形成现实层面的结果、成果作为课程思政教学改革实施的体现，这些结果、成果还可用于工作总结、经验介绍、成果展现及上级检查等。

(三) 通过会议布置工作

学校、二级院系、教学管理部门通过各级各类会议强调课程思政的落实和推进，有专门、专题会议的形式，也有在其他会议内容中穿插布置和工作强调的情形，这一做法每一所高校都会实施，具有普遍意义。其关键在于会议召开以后的落实监管，以及下一管理层级通过会议传达上一级的会议精神过程中有没有表述清楚并传达到位。因此，会议布置工作具有必要性，但应避免下一级以开会的形式一级会议精神的落实。

总之，高校在建设课程思政实践探索的过程中，要注重结合学校特色，以上海海洋大学为例，上海海洋大学成为上海市课程思政的"整体试点校"，选出了几门专业课程作为课程思政建设的重点课程进行建设。上海海洋大学在推进课程思政建设的过程中，将"鱼类学"作为首批入选课程思政建设的课程，这门课程是水产学科的主干课程。这门课程沿袭了本校的传统，将学科发展与专业教学进行有效的结合，同时也将国家的新思想、校训精神融入了这门课程当中。"鱼类学"这门课程的选定充分体现了上海海洋大学的发展特色，并且按照课程思政的实施标准将课程思政的目标写入了教学大纲当中。特色发展原则要求各高校在开展课程思政建设的过程中，坚持根据本校的发展特点来选出适合课程思政建设的课程，并按照这些课程特点，发掘出课程思政的要素。如"中国系列"思政课的"一校一特色"的学校及课程，包括复旦大学的"治国理政"课程、华东政法大学的"法治中国"课程，以及上海中医药大学的"人体解剖学"为示范的专业课程，这些院校开展的课程都是建设课程思政的示范性育人品牌。高校进行课程思政建设时，要善于运用本校的优势，根据本校实际情况，结合当地的地域特色，运用好能够利用的思想政治教育资源，拓宽教师的教育视野，对学生进行有效的思想政治教育。

五、评价体系

高校对课程思政的教学反馈与评价，以学生群体对教师实施课程思政的信息采集为依据，主要通过网上测评、调查问卷、教学信息员反馈三个途径。通常各高校采取的途径还有教学督导、教学管理听课等。也有学校开展了全校层面的课程思政落实专项检查，通过量化、细化评价指标来检查教学文档，如课件、教学大纲等，通过开展学生座谈来收集学生层面的课程思政实施情况及效果测评。有的大学就由教务处组织专项检查小组到各学院实地检查，其中包括：自查报告、研究与交流材料、教学大纲修订、教学计划和教案（PPT）及应用案例等。当前，国内各高校实施课程思政教学改革的主要情况可以归纳为：第一，都能明晰课程思政实施的根本任务是立德树人，但对课程思政的实施目标即"德"的方向、内涵尚未形成统一理解。第二，都确立高校党委为落实课程思政的主体责任，但高校内部中层的管理部门设置、分工、权限划分等组织结构各不相同。第三，学校层面都制订了实施方案作为制度推进措施，但下属二级院系的落实制度尤其是保障制度需要加强。第四，都组织了讲座报告辅导，但培训工作缺少系统化，覆盖面较窄。尤其是指导者、主讲者的资质、能力需要界定，难以达到课程思政实施目标、方向的统一。第五是课程思政科研方面体现在各课程自主展开研究，缺少必要统筹，尤其是缺少思想政治理论方面的指导。高校应避免错误的、主观的、片面的科研理论用于教学实施。最后，在课程思政教学改革效果评价方面，尚缺少覆盖面较全的有效观察途径。

第三章 课程思政与思政课程的协同发展

本章内容主要为课程思政与思政课程的协同发展，论述了课程思政与思政课程协同发展的紧迫性，课程思政与思政课程协同发展存在的问题，以及课程思政与思政课程协同发展的策略。期望能够通过作者的讲解，提升大家对相关方面知识的掌握。

第一节 课程思政与思政课程的协同发展的紧迫性

一、是新时代新变化的必然要求

习近平总书记在全国高校思想政治工作会上强调"做好高校思想政治工作，要因事而化、因时而进、因势而新"①。思想政治教育是为了"现实的人"，最终将归属于人自由而全面发展的价值。因个体和群体的差异，教育对象具有较强的层次性和类别性，也被赋予了极为浓厚的时代性。现阶段，中国正处于全球经济浪潮的中心，在这种背景之下，中国在培养社会主义建设者和接班人的道路中，应该对学生起到引导作用，从更为广阔的全球视角，对中国发展趋势有更深入的认识，端正对于世界发展的态度。为积极响应这点，思政教育内容应该第一时间体现出新生代的特点，为发展中国储备充足的优秀人才。

---

① 引自 2016 年 12 月 7 日 "全国高校思想政治工作会议"

此外，中国特色社会主义建设水平的提高，离不开新时代社会文化信心的增强，这不仅是实现中华民族伟大中国梦的必由之路，也是中国走向世界的发展基础。高校思想政治课不仅有利于培养大学生良好的价值观，也是培养大学生政治观念的有效途径。中国目前的经济发展形势虽好，但意识形态方面仍面问题。为此，必须加大青年思想建设力度，增强青年安全责任感。思想政治课程体系建设要充分考虑中国独特的历史文化，以中国国情为基础，实现爱国主义与文化品格教育的高度统一。

因此，面对变化了的新情况、新形势和新要求，要向社会输送合格的社会主义建设者和接班人，课程思想及思政思想需要一同发挥积极作用，才可以产生强有力的积极作用，实现教书育人的最终目标。

二、是思想政治教育的本质要求

思想政治教育是一类具有特殊意义的教育活动，不但会对人们世界观、人生观和价值观的形成产生重大影响，而且还是推动人完成社会化的关键手段，这一活动的最终目标是推动社会的进步，以及人类自由的全方位发展。思想政治教育的价值一般体现在个体及社会两方面。个体价值体现在：思想政治教育借助对人的关心、培养，逐步满足个体精神方面的需求，进而推动人的全方位发展。社会价值一般体现在：利用宣传工作，激发、凝聚社会力量、达成共识，完成思想统一，降低社会资源损耗，尽最大可能完成社会整合，进而推动社会稳定发展，以及相关秩序的构建。改革开放以来，伴随着全球化的迅速发展，以及各类文化思想的渗透，人们的思想认知逐渐丰富。怎样在多元化中实现统一，在多样性之中抓住主导权是现阶段的当务之急。思想政治教育借助理论阐述、价值牵引的方式，促使人们形成了积极、准确的价值观及国家认同感，利用理论知识的宣扬，激发人民群众的积极性，推动社会及人际关系的和谐发展，促使社会更为公平、规范、诚信的运转。所以高校课程革新的核心任务不但要确保以往的思想政治课程不断革新，还需要积极开发各类课程的育人资源，这同时也是每位园丁的重大职责。在立德树人的教育过程中，每一位教师都必须肩负起自身应有的责任与义务，这是教育者的历史使命和担当。

三、是高校教育理念转变的迫切需要

课程思政和思政课程二者同向发力的提出，代表着高校教育理念的革新。教育活动在教育理念的引导下展开，唯有在准确合理的教育理念的引导下，教育活动才可以持续稳步展开。迄今为止，高校育人过度依靠思想政治理论课，却忽略了其他课程育人作用的发挥。高校思想政治教育属于系统性极强的工作，只借助思想政治理论课的开展是无法完成最后的任务目标的，这就需要我们秉持协同育人的工作理念，对其余课程的育人作用同样给予重视。习近平总书记指出："要用好课堂教学这个主渠道，思想政治理论课要坚持在改进中加强，提升思想政治教育亲和力和针对性，满足学生成长发展需求和期待，其他各门课都要守好一段渠、种好责任田，使各类课程与思想政治理论课同向同行，形成协同效应。"协同育人理念使得各所高校的老师都要将育人当作自身的首要任务及责任，并将其积极的贯穿于教育工作当中。那些认为教学同育人是相互矛盾、互相排斥的观念是不正确的，由于我国高校本质是社会主义高校，其最核心的任务是培育社会主义合格的建设者和接班人，所以我国高校只有从这一战略高度出发，才可以深度理解课程思政和思政课程同向同行理念的重大意义。

第二节　课程思政与思政课程协同发展存在的问题

一、课程思政与思政课程推进程度不平衡

课程思政协同思政课程，存在着学校与学校之间、学院（系）与学院（之间）、课程与课程之间、教师与教师之间等方面的不平衡。

（一）学院与学院之间的不平衡

推进课程思政存在的学院（系）与学院（系）之间的不平衡，主要体

现在以下三方面。一是重视程度不平衡，有的学院（系）重视课程思政建设，行动迅速，有的学院（系）不太重视，行动迟缓。二是推进力度不平衡，有的学院（系）积极响应中央要求和学校部署，采取有力措施鼓励和激励教师参与课程思政建设，课程思政的责任主体——教师的责任意识、创造意识得到充分发掘；而有的学院（系）停留在一般号召、一般布置，没有激发出教师参与的热情，课程思政的责任主体——教师的责任意识、创造意识没有激活，课程思政推进举步维艰。三是推进的成效不平衡，思想上重视、措施上得力的院（系）能够获得较多的项目、经费等资源，从而产出较多的课程思政成果；而思想上不重视、措施上不到位、行动上迟缓的学院（系）在项目、经费、成果等方面相形见绌。

（二）学校与学校之间的不平衡

上海地区高校推进课程思政的创新做法值得肯定和借鉴，这也说明了推进课程思政存在着地区与地区之间的不平衡，学校与学校之间的不平衡。地区之间的差距及学校之间的差距可以说是长期存在的，但是，我们不能因为差距存在的长期性而放弃改变差距、缩小差距的愿望和努力。差距的存在既有客观原因，更有主观原因，其中主观原因占着主导地位。改革开放40多年来的实践充分证明了，支撑着中国经济社会实现跨越式发展最重要的动力源泉就是不断更新的发展观念。高校的发展同样适用这种道路，高校的发展快慢同样受制于思想观念，国内近几年来崛起的不少高校就得益于观念更新。比如，华中科技大学（原华中工学院）作为一所以理工见长的工科类院校，20世纪90年代开始，高度重视人文教育，率先在全国高校推进人文素质教育，实现理工与人文的融合，因此，学校在短短的时间内快速发展起来，跻身全国高校第一方阵。总体来看，在推进课程思政及实现课程思政与思政课程协同的过程中，目前还存在着学校与学校之间的不平衡。

（三）课程与课程之间的不平衡

高校教师有学科专业之别、学历职称之别、思想境界之别等。学科专业背景、学历职称高低、思想境界优劣是影响课程思政实施的重要因素，但不是决定因素。在课程思政的教学实践中，教师自身的主客观因素可以通过自身努力得到改变。一直以来，在不少高校教师中，特别强调自身的学科专业背景，特别狭隘地把课程思政与专业课程教育对立起来。实现课程与课程之间的平衡，客观地说，它只是一种目标、一种愿景、一种努力的方向，而平衡只是相对的平衡，不可能有绝对的平衡，这就需要我们广大教师在思想上重视课程思政的价值，在行动上给予课程思政必要的精力。

二、资金、技术、人员等方面的保障不到位

高校课程思政建设的协作层面存在的问题，究其原因主要是课程思政建设在资金、技术、人员等方面的保障不到位。资金、技术和人员的缺乏，直接或间接地导致了科研项目开展缓慢和系统平台开发跟不上需求。下面将从两个方面进行论述。

（一）各地区科研资金支持力度存在较大不同

由于高校课程思政建设是全国性的，而科研作为推动高校课程思政建设的有力渠道之一，是对高校课堂课程思政建设的重要补充，对于丰富高校课程思政建设的相关理论，打造高校课程思政建设科研体系具有重要作用。但由于我国经济发展在地区层面的异质性，各个地区对于课程思政建设的资金支持力度是基于地方财政支撑力度而决定的。因此，对于经济发达的地区而言，政府对于高校课程思政建设的资金支持力度是相对充足的；对于经济欠发达的地区，政府对于高校课程思政建设的资金支持力度则相对较弱。

（二）平台开发难以及时满足教学线上需求

从技术层面来看，在信息化技术快速发展的时代中，高校在线上教学或者课堂教学系统的使用和研发上都存在显著的差异。考虑到技术的更新、软件的迭代、教师的培训等方面，需要较大人力物力投入，因此对于相关系统平台的开发，总是很难及时满足课堂教学或者是线上教学的需求。另外，就项目本身而言，项目立项、项目开发、项目管理、项目资金使用等方面是一个周期相对较长的过程，需要大量的管理协调、技术调

试，这些都直接决定了系统平台开发存在滞后性。高校课程思政建设同样存在上述问题。倘若想打造一套规范统一适合全校，或者是全地区高校课程思政建设的系统平台，同样会存在上述问题，尤其体现在提请相关部门从机制层面进行优化的过程上，需要简化流程、弱化审批、增强数据贯通性。

三、各类课程差异明显，难以发挥共振效应

课程作为教学的重要载体形式，在各自的学科领域下设置了具体的课程教学目标，划定了课程教学的内容范畴，并基于前两者形成了相关的课程评估标准。课程思政推进的过程中首先面对的就是其课程覆盖面广泛的情况，课程思政与原有课程之间衔接精准度不高是当前工作面临的一大困难。在不消解各类课程原有教学目标科学化和教学内容专业化的基础上，都种好"责任田"并发挥思想政治教育功能是当前落实课程思政协同育人的重点和难点。就目前状况来看，由于原有各类课程在教学目标和内容等方面存在明显差异，影响了课程思政目标的实现，并且挤压了课程思政育人的空间，同时这也是各类课程协同过程面临的现实问题。一个客观存在的现实是，课程协同还面临以下诸多问题亟待解决。

（一）教学目标差异明显，冲击理想目标实现

相对于国家人才培养目标和学校培养目标来说，课程教学目标作为微观层面的教育目的指导着教学实践，它规定了教学知识范畴，以及学生能力培养方向，是趋向具体化的培养目标，各类课程教学目标差异显著，分别着重于学生不同的发展方向。这一客观现实本身就增加了从各个较为具体化的课程目标中，整合课程思政教学目标的难度，影响了课程思政协同育人理想目标的实现。当前，我国高校课程体系庞大且在具体教学过程中不断调整，课程目标也以所属学科为制订依据，大多数任课教师都将重点放在如何实现本课程的教学目标上，在这样的宏观背景下，课程思政目标不会自发地实现。

首先，从动态发展过程来看，伴随着学科、课程的分化与综合，有所涉及的课程会将绝大部分的精力置于课程目标的调整和重构上。科学的变

革和发展，是导致学科和课程综合与分化的直接原因。科学是对自然界、人类社会，以及人类思维纵深发展的回应，其中渗透着文化价值观和意识形态等诸多因素。学科和课程是科学在学校教育领域的重要表现形式，相应地，前两者也随着科学的发展与变革而调整。新技术革命如火如荼地开展和劳动分工的不断精细化，为学科、课程的分化提供了现实推动力。科技、社会发展日益复杂，高校课程的综合趋势集中体现在交叉学科的出现。横向上的自然科学和人文社会科学之间，以及两者内部的交叉；纵向上是基础理论研究和应用开发研究之间的融合。在课程的分化与综合过程中，课程设置会随之发生调整，教学人员会将重心放在相关课程目标的实现上，并不会去探寻课程的文化底蕴和剖析课程蕴含的价值观目标。因此，这在部分所涉课程范围内，使课程思政目标被冲散甚至"边缘化"，难以运用课程载体实现协同思想政治教育目标的实现。

其次，各类课程教学目标差异显著，如何在众多课程目标中凝聚课程思政目标，是当前实际教学面临的难点。高校教育树立了"学科高墙"，导致各个学科领域下的各类课程目标具有明显的学科分界感。在现代化教育背景下，我国高等教育实施的是划分学科、明确专业的教学模式，致力于培养符合社会需求的专门化人才。这种培养模式的合理性于学生而言，在于为其步入工作岗位提供了一个恰到好处的衔接点，使其能快速适应角色的转变，在短时间内增强职业获得感并寻找到个人价值。各个专业学科，尤其是理工科设置的课程目标，多以技术知识和实践运用为导向，这与当代社会分工精细化不断加深的时代背景相契合。但是我们也可以窥见实现课程思政的极大可能性。因为从总体上来看，哲学社会科学类课程除了落实具体课程的专业知识外，还强调人文精神的熏陶，尊重人的价值，依靠人文文化的力量塑造人的现实生活和精神世界，从情感交流、人文情怀彰显到生命真谛的探索去推进人文教育；自然科学类课程在培养学生专门化的技术知识的同时，也注重科学精神的培育，在科学理性和工具理性的作用下凸显科学技术的价值，强调运用科学技术和科学思维方式，去塑造人的物质世界和现实生活，着眼于利用科技教育去追求科学世界的真理。课程思政目标更接近全面育人的理想目标，在功利主义、实用主义价值取向的影响下，要想将各个专业课程置于思想政治教育目标实现的统筹之下，关注并且实现教育对象的思想认知、道德情感和价值观等诸多维度的目标，从当前实际情况来看还存在着不同程度的"缺位"。各类课程目标培养指向明显，具有差异性和排他性，在追求专门化育人目标的过程中可能会导致课程思政目标被持续"边缘化"，影响依托课程实现的思想政治教育育人目标的现实可能性。

（二）教学内容庞大，增加挖掘思政资源难度

当前我国高等教育采取划分学科、分门别类的专业化育人模式，各门各类课程必然具有鲜明的学科属性，其中承载着众多的专业知识内容。高校各类课程知识体系结构相对稳定，以既定的教学内容为着力点遵循相应的教学规律塑造专业人才。所以就课程教学内容而言，各类课程的教学内容因学科专业领域不同而呈现出显著差异性，各自研究的问题域和话语方式也存在着明显的专业界限。如何保持专业知识教育和思想政治教育两者之间的平衡，本身就是一个尚待进一步解决的问题。在课程思政背景下，更是将课程体系这一整体框架置于价值观培育的合理性维度之中，这无疑给课程思政育人精准挖掘思想政治教育资源，带来了实践环节的难度。

当前高校教学普遍存在"学科高墙"和"专业壁垒"，难以在众多课程内容中甄选出思想政治教育内容。新时代，党和国家比以往任何时候都更加重视思想政治教育，强调要将思想政治工作贯穿于教育教学全过程，将思政之"盐"融入教育之"汤"，以期实现立德树人的根本教育目标。由此，不难看出党和国家对思想政治教育的定位，不再局限于隐性思想政治教育范畴，而是要将其他课程尤其是专业课纳入思想政治教育作用的范畴，将其逐渐构建成一门显性学科。但是从课程思政实际推进过程来看，其现实状况并非如先前设想那般乐观，最为明显的就是课程思政依然会陷于"形式化"之中。一方面是源于思想政治教育自身的形式化问题突出，进而影响高校整个学科体系对于课程思政的认同感；另一方面是在实际教学过程中，任课教师不能精准划定能够有效进行思想政治教育的内容载体，难以避免自圆其说的情况，导致课程思政的说服性降低。虽然各门学科和各类课程都承担着育人的功能，但也正是这种学科界限使得课程教学内容丰富，且各具特点。课程思政要想作用于各门学科和各个专业课程，其中重要的一环就是如何根据课程特点寻求思想政治教育切入口，明确哪部分课程内容能够精准地与思想政治教育进行有效衔接。因此，如何依托

教学内容在各类课程中寻求思想认知、道德情感、意识形态和价值观教育，成为当前课程思政有效推进过程中首先要破解的现实问题。

专业课程缺乏价值引领模糊了"课程思政"的内容范畴，带来了何种课程内容为思想政治教育资源的思想困惑。十九大以来，在中国特色社会主义新的时代定位中，高校始终坚持社会主义办学方向，遵循党对意识形态工作的领导，致力于实现立德树人的根本任务。在新的历史时期，高校的教学视野不断开拓，教育现代化的目标和社会主义办学方向得以巩固。习近平总书记不断强调，要办好中国特色社会主义大学，就必须将社会主义核心价值观的培育和践行置于教学环节，教师要牢记教书与育人的使命，达到知识传授与价值引领同频共振的理想状态。这是高校人才培养具有前瞻性和战略性的一种体现，高等教育既要重视真理性问题也要突出价值性问题。各类课程体系有着既定的专业内容规范，旨在运用科学的教学方法和科学的思维方式培养极具专业素养的专门化人才，在探寻世界真理性的同时实现个体的职业需求。因此，不同专业课程的教学内容存在显著差异，需要在整个课程体系中重视专业课程的价值导向。价值的内容来自特定的位置或视角，而不是整个位置的整体视角。换句话说，在价值逻辑中，不可能有包含所有视角和位置可能性的价值，即使是以价值中立或最高价值的方式出现的价值，也永远不能包含所有的观点或立场，总是先肯定某些价值，同时否定某些价值。课程本身包含着价值选择，它不是作为一个价值无涉的实体而出现的。我们可以从某一学科或者某个专业的视角和立场去求证某种价值，所以专业课程教学不该出现价值缺位的现象。例如，自然科学类课程与思想、政治和价值的关联性不强，它们一般将解释客观世界的一般规律、探寻科学的真理性视为重心，但是在科学共同体中渗透着文化传统、科学思维和工匠精神等诸多方面，这自然为专业课的价值引领打开了切口。从当前课程设置的逻辑来看，课程对最高价值的诉求也不可能从一切视角出发，都要从不同的学科视域依托课程内容来实现。我们的所有学科课程都处于新时代中国特色社会主义大环境中，这也为专业课程价值引领提供了有益的生长环境。然而在实际的专业课程教学中却仍然出现了知识与价值难以平衡的局面，而对于自然科学来说，需要把握各种自然科学技术背后的人之"道"，专业课程所传授的知识若缺少价值导向，单纯以知识形态呈现而未能进入人的思想认识层面，这很难打破课程思政育人的专业局限。当前专业课程协同进行思想政治教育的重点和难点，就在于如何精准厘定蕴含价值观教育可行性的那部分课程内容，因为课程价值的展现程度建立在知识内容的基础上，专业课程价值引领作用的缺失或者弱化，对于课程思政来说相当于致命一击。知识与价值的对立既是"课程思政"力图弱化的一对关系，也是当前专业课程协同思想政治教育在认知思维层面需要突破的难关。

四、教育主体力量分散，难以发挥协同效应

恩格斯指出，历史是这样创造的：最终的结果总是产生于许多个体意志的冲突，而每个个体由于许多特殊的生活条件而成为它已经成为的样子[1]。就这样，有无数的、交错的力量的平行四边形，产生了一个合力，即历史结果；而这个结果可以看作是一个整体，不知不觉和不由自主发生着变化。社会和历史的发展是无数个体意志和力量相互作用的结果，推动事物发展的力量不是单一的，它们有着内在的逻辑联系。这种认识同样适用于课程思政育人实践。课程思政迫切需要由诸多方面作用下生成的整体合力来实现协同育人的理性目标，教育主体是课程思政育人系统中的子系统，缺少教育主体这一子系统的作用，也就难以发挥课程思政的整体协同效应。从当前高校开展课程思政育人现状来看，教育主体对课程思政的认知及认同度，和教育主体之间互动合作的力度尚待提升。

（一）专业课教师对课程思政的认知不到位

长期以来思想政治教育工作都面临着思政课和专业课"两张皮"的现实难题，如何扭转思想政治教育在专业知识课程领域被"边缘化"的局面是当前工作的重大任务。各教育主体特别是专业课教师对课程思政理念的价值认同不够，如何完成思想理念上的"破冰"，并将这一新的教育教学理念自发自觉地运用于课程教学实践当中，仍是关键问题之所在。

专业课教师作为学校教育的主要力量与学生进行直接的、频繁的互动，他们对课程思政理念的认知度和认同度，将在很大程度上影响课程思

---

[1] 马克思，恩格斯著；苏联教育科学院编；华东师范大学《马克思、恩格斯论教育》辑译小组译. 马克思、恩格斯论教育 下 [M]. 北京：人民教育出版社. 1986.

政的实效性。专业教师对课程思政认知不到位主要体现在以下两个方面。其一，模糊了思政课程和课程思政的辩证关系。把握思政课程和课程思政的关系，是贯彻课程思政理念的前提，但是很多专业课教师都没有充分认识到两者在目标和任务的上共性，以及两者教学内容的相关性。部分专业课教师没有意识到自身在引导学生价值观形塑方面的重大作用，视知识传授和价值引领为对立的目标追求，将思想政治教育功能的实现囿于思政课教学领域；专业课程中的思想政治教育元素，和思政课程的教学内容构成了课程思政的内容体系。其二，对于课程思政价值认同的偏离，有的专业课教师甚至质疑课程思政价值是否存在。在各不同学科分门别类的教学模式下，单学科育人的固化思维仍存在于部分专业课教师的头脑之中。他们将思想政治教育的价值观引领和意识形态形塑视为思政课教师的责任，将自身的教学任务定位为知识和技能的传授，并且在专业技术性较强的某些理工科院系，其专业课教师对该学科是否具有思想政治教育功能存在思想困惑，大多倾向于从事单纯的教学和科研活动，而将课程思政理念落实和思想政治教育目标实现排除在自身工作范畴之外。对课程思政主观认知上的缺陷必定会导致专业课教师难以融入全员、全方位、全过程育人的思想政治教育育人格局之中，推进专业课教师思想理念层面的"破冰"，是实现课程思政协同育人的工作要点。

（二）专业课教师开展课程思政能力不足

将思想政治教育巧妙嵌入专业课程教学中，是对专业课教师能力的一大考验，专业课教师的能力和素养是影响课程思政效能的核心变量。要实现思想政治教育"基因式"融入专业课程教学之中，既要求专业课教师有过硬的知识储备和专业技能，又需要其具备有效衔接思想政治教育的理论素养，和开展专业思想政治教育的技巧。显然，从总体范围来看，专业课教师诸方面的能力存在不同程度的欠缺。

课程思政对专业课教师提出了更高的能力要求。一是具备过硬的思想政治素养。专业课教师要遵循社会主义办学方向和正确的政治方向，对教书育人保持极高的热情和强烈的使命感。思想政治素养是激发教师自我完善的内在动力，对教师的科学文化素养、专业技术素质等方面起着方向引领的作用，这正是课程思政强调知识传授与价值引领并行对于教师素养有益作用的本质要求。二是掌握一定的马克思主义理论基础知识。专业课教师要想在教学中渗透思想政治教育，足够的理论知识贮备和理论敏锐度是基本前提，专业课教师只有达到课程思政所期许的理论素养标准，用理论武装自己的头脑才能在实际教学中说服学生，才能以完善的课程思政教学逻辑提升学生的认同感和获得感。三是掌握依托专业课程进行思想政治教育的技巧和方法。这要求专业课教师在一定程度上掌握学生的思想认知发展规律，和思想政治教育教学规律，发掘专业知识与思想政治教育的内在相关性，这是推进课程思政的实践保证。在这种多维能力体系要求下，专业课教师仍然在以上几个方面存在着能力短板，受学习和工作环境的影响，较难在短时间内从根本上改变这种现状。其一，由于受学科专业背景的影响，大多数专业课教师未经系统、科学的马克思主义理论教育是客观事实，在理论知识贮备和理论驾驭能力等方面存在明显劣势；其二，长期以来重专业知识教育和技能传授，而忽视价值观引领的局面并没有从根本上得以扭转，思想政治教育的"孤岛"困境使得专业课教师缺乏提升自身思想政治教育技能的内在动力。如何化解专业课教师对课程思政的认同危机，使他们在实践教学环节落实思想政治教育，这对能力有着更高的要求。突破专业课教师开展课程思政的能力局限，建立课程思政长效学习机制势在必行，唯有如此才能让专业课教师达成对课程思政"真信"和"真教"的理想状态。

（三）教育主体之间协同、效力不足

课程思政要求充分利用好课堂教学这一主渠道，促成各类课程种好思想政治教育"责任田"这一目标。课程思政育人效力的发挥既取决于其育人系统构成要素各自的存在状态，又取决于系统各要素之间的相互作用程度。以课程协同实现思想政治教育改革，关系到教育教学的各个环节，需要在学校党委的牵头带领下，通过各专业院系和思想政治教育行政工作部门共同搭建课程思政平台，以鼓励和引导思政教师和专业教师开展教研讨论，凝聚思政专业和其他专业的育人合力。换言之，课程思政教学实效性的提升需要高校内部各部门创设协同育人的环境，加强思政课教师和专业课教师之间的交流与协作。从整体上看，课程思政教育主体的协同力度不足是现实存在的客观实际。

首先，从思想政治教育管理层面来看，学校党委、宣传部、团委、教务处和学工处等职能管理部门，还未明确自身在课程思政建设中的职责。有的高校响应课程思政改革，设立了由多个部门的核心人员组成的领导工作小组，但由于难以制订管理方案和实施细则而被搁置起来，小组工作名存实亡、流于形式。学校管理层面相关工作的欠缺给课程思政科学化、规范化运行带来了难度。其次，从教师教学环节来看，思政课教师和专业课教师由于各自的教学任务不同，并且存在课程定位差异，两者的教学活动几乎处于平行的状态，缺少有效的交流协作。即便是两者有意识自发地尝试去交流合作，也会因为各自固有的思维模式局限而难以打开有效交流对话的切口。加之各自时间精力有限，特别是各位专业课教师教学科研任务繁重，导致常态化的有效沟通难以持续。再次，从各院系之间的协作来看，马克思主义学院应该在学校党委的带领下积极主动开展与其他学院的沟通对话，从学院整体布局的维度将课程思政纳入发展规划之中。然而，从当前的实际工作情况而言，虽然马克思主义学院在课程思政推进中具备发挥协同引领作用的实力，但是其他学院特别是理工科学院的配合度不高，学院之间难以建构有效的协作平台。最后，从校际的合作来看，主要通过交流座谈会的形式，将重点集中在各自课程思政建设具体内容的展示和经验的分享上，这种合作模式下积累的经验过于抽象和泛化，很难让一线教师体验到课程思政教学各个具体环节设计的精妙之处。所以学校之间急需加强师资队伍的双向流动，给教师提供观摩学习课程思政特色课程的机会，体验课堂教学的真实情境。如何真正将彼此的交流学习效果最大化，成为校际需要突破的重点。

五、课程思政协同育人体制机制有待完善

目前高校对课程思政建设做出了有益的探索，积极倡在教学实践环节适当引入课程思政育人理念，并且在多方支持下形成了一系列示范课程，但在整体规划、实际运行和评估体系等维度，给予的制度支撑相对薄弱。育人体制机制呈现出非规范化甚至是缺位的现象，使得课程思政协同育人难以真正落到实处。

(一) 顶层设计碎片化，主体责任不清

课程思政育人体系蕴含着一个多元主体集合，包括学校党委及其领导下的各学院党委、教学管理部门和学生工作组织，应当将这一新教学理念的实施置于学校战略高度，从顶层设计的总体规划视角明晰各个主体的工作责任范畴，即尽可能设计好课程思政队伍建设的目标，并搭建好总体建设框架。显然，高校内部结构分明、分工明确，各个职能部门各司其职以保障高校各项工作科学有序开展，但课程思政理念下构建的全员、全课程思想政治教育模式需要各职能部门的协同配合。然而将课程思政工作介入各个部门，会引发原有职能部门工作的系统性调整，涉及很多具体环节要与课程思政进行衔接，相关部门工作的落实需要以顶层设计的总体规划维度为起点，将各个职能部门纳入到课程思政教学改革系统。诸如教务处、教师发展中心、人事处等职能部门的职责的明确规划。因此，在分工如此细化的体系下，高校内部各部门界限感强烈，各部门不会自发地承担起课程思政建设的主体责任，若想将它们共同纳入课程思政工作进展之中，还需抓好顶层设计，明确划分各职能部门有关课程思政建设的相关任务。

(二) 制度建构有待落实

在推进课程思政实际教学的过程中，尚存在相关制度建构效力不足甚至是缺位的情况。首先，长效学习机制和集体备课制度需要进一步落实和完善。课程思政协同育人作为一种新的思想政治教育育人模式，需要教学主体特别是专业课教师有一个适应和学习的过程。专业课教师受其学科专业背景的影响，绝大部分尚不具备科学系统的思想政治教育理论基础，以及有效的教学方法。因此，一方面，专业课师资队伍要想真正融入课程思政建设队伍，要将长效学习机制贯穿于始终，通过制度化的学习形式，不断强化专业课教师对课程思政的理解和执行能力；另一方面，鉴于专业课教师以往形成的固定的教学范式和程序，他们在课堂教学中往往缺乏对学生价值判断的能力和价值形塑的能力，为了保证专业课能够辐射到思想政治教育内容而提前做好教学准备尤为必要，对于如何在专业知识传授过程中精准把握思想政治教育切入口，需群策群力，创设集体备课制度以发挥教师群体的集体智慧。其次，合作对话机制建设力度有待加强。对于高校

思政课教师而言，他们承担了全校范围内的公共课教学任务，并且还承担着所属学科专业的教学和科研任务，他们参与课程思政建设的时间精力有限。对于各专业课教师而言，他们更加缺少主动融入课程思政的自觉意识。因此，激发课程的育人合力需要加强教学平台建设，促进对话交流与资源共享。最后，课程思政教学的保障制度薄弱。从现实维度来看，无论是专业课教师还是思政课教师，对于课程思政的专注度都尚待提高，其中不乏有人将课程思政视为自身教学科研以外的附加事物，除了大力倡导教师教书育人的责任感和使命感，亦可从奖励机制的角度，既给教师提供相应的保障，又为课程思政注入发展动力。由于当前高校对课程思政的相关保障配套机制考虑欠缺，还未能完全解除广大教师的后顾之忧，因此应该以相应的奖励措施对教师投入课程思政建设加以支持与鼓励，为他们提供专项经费扶持，以加大优秀示范课程的开发力度，和提升课程思政课堂教学的积极性、成就感。

（三）教学评估机制滞后

教学评估同样是整个教学实践过程的重要一环，依据细化的评估标准通过专业的具有针对性的评价话语进行反馈，是提升教学效果的重要步骤。目前课程思政教学评估的核心问题，是专业教学评估小组面临重组、评价标准亟待制订和跟进。现行的教学评估以学科专业教学过程和结果为评价依据，有专门的教学质量管控机构、评估方式，以及评估标准。面对课程思政教学改革的深入推进理所当然需要建构与之匹配的评价机制。其一，课程思政教学评估任务实施的主体模糊，缺乏专门的评估机构规范、开展相关工作。因为课程思政蕴含了思想政治教育有机融入专业课教学这一新的总体教学要求，所以评估操作主体既要有权威机构的支撑，又要具备给予课程思政有效评价的能力，这正是目前课程思政主体所欠缺的。课程思政教学评估的主体责任由谁承担，学校原有的教学质量管控部门，是否有能力开展有效的课程思政评估有待进一步明确。因此，组建专业的教学评估工作小组，将德高望重的专业教师和经验丰富的思政教师纳入其中尤为必要，这将在一定程度上改善评估主体模糊、互相推诿的状况。其二，原有的教学评估体系与标准与当前的课程思政建设实际不相符。在当前宏观的学术评价体系下，呈现出重科研轻教学的状态，这客观上挤压了课程思政的展开空间，甚至直接导致课程思政教学环节的缺失。课程思政建设涉及专业课程教学中的思想政治教育效果评价，即要评估学生正向价值判断和价值形塑的能力，以及内生动力如何。因此，这不同于以往仅在专业领域进行评估，还应从学生身心成长和价值取向等维度进行综合考量。一方面，要对课程思政进行教学过程性评价，即教师在专业课教学中是否具有开展思想政治教育的意识，以及采用的课程思政教学方法是否实现了专业知识与思想政治教育的自然衔接。另一方面，对于教学效果的评估既要着眼于学生对专业知识的掌握和运用能力的考评，又要建立起学生情感态度转化、价值选择和信仰形塑方面的考察指标。课程思政致力于将专业课中的思想政治教育内化于心、外化于行，所以课程思政教学效果难以拥有一个量化指标，无法通过直接的学业水平测试赋予分值，这给当前的课程思政教学评估标准制订带来了较大的困难，需要拟定新的标准并及时运用跟进。

综上，在推进课程思政协同育人进程中，面临着如何将专业课教学和思想政治教育进行精准衔接，实现课程思政教学目标；如何集中教育主体力量发挥协同育人效应；如何创新课程思政协同育人体制机制；等等现实难题。这些问题都是课程思政在现行高校教育环境下面临的挑战，分析把握其协同育人困境，对于为课程思政协同育人提供具有针对性的建设方案有重要意义。

第三节 推进课程思政协同思政课程发展的策略

一、遵循协同育人的原则

（一）政治性原则

新时代，党和国家比以往任何时候都更具有道路自信和制度自信，我国的教育事业也要更好地为社会主义建设服务。高校是一个学术交流、文化集中、价值观碰撞和社会思潮激荡、开放的场域，也是意识形态工作的前沿阵地。因此，必然要用马克思主义去占领这个意识形态斗争的前沿阵地，尤其要重视将习近平新时代中国特色社会主义思想这一马克思主义中国化的最新理论成果引入教材、融入课堂。课程思政协同育人的初衷是为了完善思想政治教育，所以，推进"课程思政"育人工作顺利开展，首先应当坚持政治性原则，教师要确保自身政治立场毫不动摇，拥护党对我国高等教育事业的领导，坚持社会主义办学方向，积极践行社会主义核心价值观。

各教学主体在推进课程思政协同育人进程中要坚持政治性原则，首先，要立足于社会主义教育实际，遵循社会主义办学方向，保证育人方向不出现偏差。确保育人方向的正确性就是要旗帜鲜明地用马克思主义去占领意识形态斗争的前沿阵地，态度鲜明地抵制各种错误思潮，弘扬社会主义核心价值观，培育担当民族复兴大任的时代新人。其次，要在课堂教学内容方面把好关，教师应当具备敏锐的洞察力和有效辨别与批判的能力，针对引发学生思想观念困惑的内容，进行重点剖析、专题讲解和有效整合。只有坚定政治原则，坚持社会主义育人方向，才能保证课程思政育人总体方向的正确性。

（二）可行性原则

人的实践活动要顺利开展必然要建立在可行、可操作的基础上。相应的，课程思政作为一项育人实践活动，也要从其育人的现实状况出发，坚持可行性原则，寻求可行的育人实施方案。课程不是一个价值无涉的实体，知识与价值是蕴于课程之中的双重追求。

课程思政相对于以往各类课程的教学而言，超越了课程仅传授知识的认知局限，增加了价值观维度的教学考量。根据教育主体要想有效开展课程思政教学，精准挖掘各类课程中的思想政治教育资源，实现知识传授与价值引领的课程教学诉求，就需要从以下方面严格遵循可行性原则。

首先，要协调好各类课程和思想政治理论课之间的关系，即实现两的者同向同行，共同发挥思想政治教育育人作用。探索课程思政协同育人模式，是为了解决专业课教学同思想政治教育脱节的问题，优化高校思想政治教育的整体环境。课程思政不是单纯地对某一类课程增添思想政治教育因素，而是包含思想政治理论课在内的各类课程的整体育人体系的建构。

所以，要想让课程思政协同育人得以顺利开展，就要处理好各类课程和思想政治理论课的关系，意识到课程思政对于实现立德树人根本任务的重要性，推动各类课程和思想政治理论课在教学实践中步调一致，并发挥协同效力。其次，要明确课程思政协同育人的主体，这是落实其教学活动的前提。需要注意的是，从广义上来看，课程思政协同育人的主体不仅仅局限于各专业课教师，也包含思政课教师和思想政治工作部门。最后，要在课堂中精准把握教学内容和思想政治教育的内在关联，挖掘蕴于其中的思想政治教育资源。因为课堂作为育人主渠道，自然也是课程思政最为直接的载体，只有实现专业课教学与思想政治教育恰到好处的衔接，才能让学生认同课程思政的价值并且积极参与到互动交流之中。

每所高校都有自己的发展规划和办学特色，在坚持社会主义办学方向的同时，还应遵循思想政治的教育规律和思想政治工作的运行规律，通过进一步加强和完善课程思政工作和建设方案，凸显学校在课程设置、课堂教学和师资队伍体系等方面的特点，围绕自身的人才培养目标促成本校的课程思政特色，进而彰显学校思想政治教育特点；要跟随时代发展脉搏，从新的教学环境和当代青年成长、成才规律着手，不断进行教学理念和教学方法的改革创新，赋予课程思政育人鲜明的时代特色，推进课程思政时代化、科学化；要根据课程实际教学情况，精准抓住专业课程中包含的能够有效开展思想政治教育的内容载体，这样才能避免课程思政育人流于形式，保证其顺利有效地开展系列教育活动。

二、抓住协同育人契机

抓住协同育人契机，目的在于优化具体工作结构。协同是共性和个性的统一，是原则性和独立性的统一。既要发挥主渠道与主阵地的各自优势，也要保证大学生思想政治教育整体的任务完成。因此，协同不是强硬的融入和嫁接，而是需要找准合理的切入点、时间点和突破点，把握好协同契机，巧妙地在工作中实现同向同行。

（一）发掘协同的合理切入点

主渠道与主阵地的协同不是生硬嫁接或者机械叠加，而是要善于发掘两者协同的合理切入点,从这些切入点出发,能够优化协同育人的教育过程。

一是将思政课实践教学环节与大学生社会实践结合起来。思政课的实践教学,通过课内外调研、采访、讨论、演讲等多种形式,让学生直接获得现实的切身体会,在实践中深化对理论的理解和感悟。而大学生社会实践活动以走访调研、支援服务、公益宣传、参观学习等形式,引导学生走出校门,接触社会,增强对社会的认识和了解。从一定程度上说,思政课实践教学与大学生思想政治教育具有相似之处,都突出了育人的实践性。寻找两者协同的切入点,一方面,可以在社会实践中实施思政课实践教学,如组织学生参观红色基地、博物馆、烈士陵园等活动,教师在这些活动中可以渗透思想政治教育的内容,像爱国主义、中国精神等,以鲜活的体验和案例吸引学生;另一方面,将思政课实践教学融入社会实践活动,如在思政课实践教学中,教师可以开展活动式的教学方式,包括原著阅读、辩论赛、微电影、案例模拟等,通过开展这些活动,对学生进行思想政治教育。

二是将思政课课程内容与常态化主题教育内容结合起来。寻找主渠道与主阵地教育内容的结合点,实现教育内容的对接。如"思想道德修养与法律基础"课中第五章第四节"向道德模范学习"的教学内容可以和辅导员联合开展的"学雷锋"活动相结合,邀请劳动模范、时代楷模等到学校进行报告演讲;"中国近代史纲要"课第四章中"五四运动:新民主主义革命的开端"的教学内容可以和校团委组织的"五四精神纪念"活动相结合;"毛泽东思想和中国特色社会主义理论体系概论"课可以结合日常思想政治教育中的国际形势分析,来开展"推动构建人类命运共同体"的教学。"马克思主义基本原理"课可以结合日常思想政治教育中认识国际国内形势,分析资本主义与社会主义本质等相关内容来开展。

三是将网络思想政治教育与传统思想政治教育结合起来。信息时代的大学生思想政治教育,线上线下同样重要,两者结合方能增强实效。首先,要找准网络思想政治教育的着力点,有的放矢、对症下药,学会用学生喜闻乐见的语言和易于接受的方式呈现传统思想政治教育内容;其次,要牢牢掌握网络思想政治教育的主动权和话语权,坚持正面发声、传播正能量,加快构建和完善网络思想政治教育体系;最后,要运用慕课、翻转课堂、云课堂、远程教学等形式开展教育教学活动，使网络既成为日常思想政治教育的前沿领地，也成为思政课重要的育人课堂。

四是将"以学生为本"作为两者之间的协同的出发点。教育要凸显"学生为本"的要求，协同就要从学生出发，从学生感兴趣的点和未来发展的需求处出发，发现主渠道与主阵地协同的切入口。例如，主阵地日常思想政治教育的渗透性强、覆盖面广，或与学生利益关系密切，如日常管理服务；或与学生兴趣吻合，如网络阵地建设、社团活动等；或与学生成长需求契合，如心理健康教育、自我管理与服务、校内外兼职、竞赛演讲社交；或对学生未来发展适用，如校党团组织角色扮演、职业规划、政治社会化。这些都是与学生健康成长和现实需求密切相关的，思政课教学可以有针对性地与之结合，使教学内容更加契合学生发展的要求。

（二）抓住协同的最佳时间点

协同需要同频共振，而同步同频就要利用好教育的最佳时间点。在重大节日、纪念日、学生发展的重要阶段、社会热点事件发生和思政课教材讲授顺序等时间节点上，做好主渠道主阵地的协同育人，发挥协同的最佳效力。

一是抓住重要纪念日开展"四史"教育。大学生思想政治教育，要对学生做好"党史、新中国史、改革开放史和社会主义发展史"的教育，而历史纪念日就是抓好"四史"教育的重要契机。在重大节日、纪念日来临时，既要结合教学大纲在思政课课堂上开展"四史"的历史知识讲解和现实意义解读，培养、塑造学生的家国情怀和使命担当；也要适时在日常思想政治教育中开展专题实践活动。例如3月5日开展学雷锋活动，组织校内志愿服务、宣传雷锋精神等；清明节开展缅怀革命先烈活动，邀请革命前辈讲历史故事、观看爱国主义影片等；"七一"庆祝党的生日，讲授党的光辉历程、举办红歌比赛等；"十一"国庆节组织"祖国巨变""家乡变化"相关主题的征文比赛、演讲比赛等；香港、澳门回归纪念日讲授一国两制制度优势，组织两岸关系主题讲座等。

二是抓住学生发展的重要节点组织适应教育。新生入学、考试周、就业期、毕业季、校庆日等都是思想政治教育需要把握的重要时间节点。在这些时间点上，思政课和日常教育都要充分利用良好的氛围和时机，对学生进行适应教育和适度引导。例如在毕业季，面对学生可能出现的初入社会的焦虑感和离开校园的失落感，思政课教师可以在教学中与学生讨论个人理想实现、公民道德建设和社会法律法规遵守等相关话题，帮助学生掌握毕业后所需要的知识；而在日常教育中，辅导员可以结合学生毕业的相关活动，组织开展感恩母校留言、给未来的自己写一封信等活动，帮助学生提前做好进入社会的心理准备，缓解角色转变带来的不适感。这样，带来学生可以在理论和实践的双重影响下，能够尽快适应大学生活的各个阶段，更好地规划自己的学习生活和未来发展。

三是抓住社会热点事件进行意识形态教育。意识形态工作是党的一项极端重要的工作，高校作为意识形态工作的前沿阵地，必须肩负起职责，做好意识形态教育，社会热点事件的分析解读就为意识形态教育提供了很好的素材和机会。思政课教师和辅导员要抓住热点舆情和学生的心理需求，让学体会到中国特色社会主义的制度优势，认清错误言论背后的本质诉求，做到不被迷惑，保持良好心态。

四是针对教材讲授顺序安排主题教育。思政课教学往往有规范的教学大纲要求，教材的编写顺序也契合学生的前置知识储备和接受能力，为教师的教学提供时间参考，而日常思想政治教育相对灵活，没有严格的时间节点规定。因此，为实现协同，帮助学生知行合一，要注重两者课程讲授顺序地对应和契合。例如：《思想道德修养与法律》是在学生入学后开设的必修课程，包括了人生观教育、理想信念教育、中国精神教育等内容，而针对大一新生开展的专项教育引导活动，也可以围绕这些内容展示，如开展"我的人生理想"演讲比赛、校史党史学习参观活动、主题教育活动分享等，通过理论引导和思想教育，更好地贴近学生的思想和学习生活实际。

（三）创新协同的关键突破口

找到创新协同育人的突破口，能更快打通主渠道与主阵地之间的联系，破除协同壁垒。推进"十大"育人体系构建、课程思政建设和发挥科研育人功能，是增强协同教育效果的有效途径。

一是构建"十大"育人体系。"十大"育人体系的构建，实则是一体化协同育人的体现。因此，要抓住"十大"育人体系的构建，作为推进主渠道与主阵地协同的创新突破口。从内容要求与目标设定来看，"十大"育人体系中所涵盖的育人内容，是主渠道与主阵地协同育人的深层次分解，按照育人的不同功能，将育人工作划分为更为详细、全面的层次，借助多种育人体系的构建，使协同育人在操作层面上更加具体详细、更有利于践行实施。

二是推进课程思政建设。2020年教育部印发《高等学校课程思政建设指导纲要》，提出全面推进高校课程思政建设，发挥好每门课程的育人作用，以提高高校人才培养质量。这是一个重要的教育理论创新，课程思政既与思政课类似，都是以教学形式开展学科专业教学，又在一定程度上属于日常思想政治教育的范畴，因此，课程思政的建设能有效推动大学生思想政治教育协同。思政课与其他课程之间要有效协同，思政课发挥显性价值引领作用，其他各门课程自觉根据各自特点融入思政元素，发挥隐性价值陶冶作用。

三是发挥科研育人功能。充分发挥科研育人功能是对高校思想政治工作的有效补充，也是促进主渠道与主阵地创新的重要抓手。要建立教研一体、学研相济的科教协同育人机制，即统筹安排教学与科研资源，配套设计教学大纲与科研计划，把科研成果应用于教学活动，实现教学和科研在育人中的"同频共振"。科研育人要在协同中体现思想教育功能，坚持正确的价值取向与意识形态。

（四）扩大协同的有效覆盖面

主渠道与主阵地协同，涵盖学校管理和教育教学的各个环节。在教育过程中通过将各个环节的密切结合，扩大协同的覆盖面，在协同的深度和广度上有所拓展和延伸，必然能够增强大学生思想政治教育工作的渗透力和影响力。

一是统一教书育人、管理育人、服务育人。教书育人通过教师所讲授的教学内容来启迪、教育和感染学生；管理育人以管理者的角色在多个方面对学生的思想道德状况产生立体化影响；服务育人通过服务者的态度、服务质量和敬业精神来影响教育学生。三者在推动大学生成长、成才的过程中是有机统一的，相互促进，缺一不可。首先，思政课、专业课、实验课等各类课程教学中，要通过科学的课程设置、教师的课程教学及相关活动来达到育人的目的。其次，学校领导及基层管理人员，要通过行政管理和党务管理，在学校管理的过程中达到育人育德的目标。将思想教育融入管理工作之中，引导学生的日常规范和行为约束。最后，后勤部门及其他各职能部门，要通过学校的后勤服务和其他工作中的服务环节，特别是通过增强对学生的服务意识来达到育德育人的目标。要关注学生的实际困难，树立服务意识，提高服务质量，从而增强教育的亲和力和感染力。

二是统一心理辅导、困难资助、创业就业。心理辅导、困难资助和创业就业是学生教育管理中容易出现问题的地方，一旦教育过程中在这些方面做得不好，将对学生和教育造成严重的后果和损失。首先，心理辅导要关注那些家庭困难、创业就业受挫的群体，将这些学生列为重点追踪对象，在问题出现前及时进行心理干预。其次，困难资助要对有心理疾病和创业就业失败的学生进行适度补贴，近年来抑郁症、焦虑症等心理疾病在大学生群体中发病率较高，而治疗费用却相对昂贵，许多学生碍于经济压力选择逃避，导致恶性循环。因此要给予这批学生适当的经济补助，推动将心理治疗费用纳入学生医保报销范围。同样，对于创业失败和求职失败的学生，由于其损失了财力或者失去了经济来源，为避免他们陷入堕落或者走向极端，可以在困难资助中专门划拨经费作为就业补助和创业鼓励金。最后，创业就业教育要特别帮扶具有心理障碍或者经济困难的学生，在求职前提前进行就业辅导、简历修改和面试模拟等，有针对性地向他们推送就业信息，跟踪关心他们的就业进度和心理状态，帮助他们顺利步入社会。

三是统一第一课堂、第二课堂教育。第一课堂主渠道是教学中的常规方式，通过课堂教学活动开展思想政治教育工作；第二课堂主阵地教育的主旨是通过生动活泼的文体活动、校园文化建设活动，有一定特色和创意的社会实践、团体活动等，进一步用科学理论教育大学生，亲身实践和身体力行第一课堂学习成果，强化思想政治觉悟和理论素质，帮助他们树立成长和成才的主动性，增强他们对国家、社会和人民的历史责任感和使命感，这是对大学生进行思想政治教育的重要途径。两个课堂在教育过程中的结合，应在时间、空间、人员、资源等各方面都达到协同。一方面，第一课堂要借助第二课堂的场地和活动，推动理论走向实践。比如教师结合课程学习内容，让学生在本学期内完成相关主题的实践活动，并将学生参与的实践活动计入其期末考评成绩，激励鼓舞学生积极参与才艺展示、科技竞赛、理论宣讲活动等第二课堂活动。另一方面，第二课堂在开展时要联系第一课堂的教学内容，活动设计要对学生具有一定的思想引领和价值导向作用，不能为活动而活动，要在活动中及时发现问题，将学生的思想动态和理论困惑反馈给第一课堂管理部门和任课教师，让他们从理论上帮助学生及时纠偏、坚定信仰。

四是统一党建、团建、班建。学生作为思想政治教育对象，其学习生活、组织管理和诉求表达都是以组织为单位进行的，校党支部、团支部和班级是大学生最常见的三种组织团体，做好党建、团建和班建的有机互动，就尤为重要。首先，以党建带团建。党组织和团组织都是政治性极强的组织群体，而党组织在高校思想政治工作中具有龙头地位，因此要充分发挥党组织的带动作用，切实加强党对共青团的领导，增强基层团组织的凝聚力和战斗力。其次，以团建促党建。共青团作为培养年轻干部的重要基地，要为青年团员的成长提供良好环境，激发基层团组织活力。可以通过报告分享、互动交流、现场访谈、理论学习等形式的团活动，让广大青年师生积极向党组织靠拢，为党组织提高合格的人才储备。最后，班建要与党建团建相协同。班级是学生接触最多最频繁的组织，在日常思想政治教育中不可忽视。任何学生遇到问题，班级成员都要共同解决，班干部要及时发现隐患，例如哪些同学近期存在挂科、失恋、家庭突发事件等情况，哪些同学一直以来都心理素质不好或存在心理疾病，要及时上报辅导员，避免不良事件的恶性扩散。同时，班级成员要共同致力于班级向心力、凝聚力的提高，班级文化的形成和班级成员之间的情感交流和亲密关系的建立，使班级成为无坚不摧的学生思政教育的坚实堡垒。

五是统一高、中、小学思政教育。中、小学教育的各个阶段都有思想政治教育课程，与高校思想政治理论课有很多共同之处，是不可割裂的两个部分。所以，高校思政课要对中、小学思政课内容有所了解，教师和教师之间、学校和学校之间进行有计划的交流，并以此创新的教育方式和教育形式，使知识讲授和接受衔接得当。

在高等教育中，还要尤其注意几门思政课内部的同向同行。思想政治理论课程是一个结构稳定、内容互补、功能相似的体系，几门主干课程具有内在联系，要形成同向合力。一方面，思政课教师在教学设计上要有宏观的、整体的眼光,不仅要明确各门课程的定位、清楚各门课程的教学时限、主线和重点,把握好各门课程之间的逻辑联系和论证角度、也要认识到各自课程的特点和重难点,在保证总体教育教学目标和功能的前提下,根据每一门课的要求来确定讲授的角度和深度,在课堂教学中各有侧重、各具特色。另一方面,正确处理几门课程在内容上的重叠交叉部分,如"马克思主义基本原理""毛泽东思想和中国特色社会主义理论体系概论"和"中国近代史纲要"课程中,都含有关于"社会主义本质"的内容。对这类重叠的内容,既不能采取简单的弃之不理的态度,也不能按部就班、面面俱到地去讲授。因此,可以通过统一备课、集体商讨等形式,划定不同的教授任务和侧重点,总体方向不变的情况下各尽其责,保证教学内容的完整性和教学过程的衔接性。

三、建构以思政课程为核心的运行机制

创建课程思政的目的,不是为了想要削弱或者代替思政课程,而是为了发挥思政课程的引领作用。在设置的同向同行运行机制中,课程思政和思政课程是同行并存的,在实行过程中,教师在展开教学的过程中要以思政课程为主,课堂思政为辅,彰显课程思政的重要补充功能。因此,要构建以思政课程为核心的同向同行运行机制,从而提高课程思政和思政课程的融合。

(一)建立协同育人工作机制

课堂思政和思政课程同向并行是为实现全程育人、全员育人、全方位育人而存在的,并不仅仅是为了实现在课堂中进行思想政治的教学。因此要构建育人共同体,主要的方法是把专业课老师、思政课老师、辅导员,以及相关部门的人员组织在一起,创建一个能够互助互补、将优势最大化的育人共同体。育人共同体中的每个部分都要承担各自的职能,从而实现育人的目标。例如,专业课老师主要是实现思想政治教育的渗入效果;思政课老师主要是对学生的世界观、人生观和价值观进行指引;辅导员主要是负责对学生定期进行相应的心理辅导和成长、成才关怀;相关部门主要是确保以思政课程为核心的同向同行运行机制可以顺利地运行,帮助打造

思想政治教育共同体。

第一，专业课程老师要和思想政治理论课老师达成一致，形成合作关系。无论是专业课课程思政还是思想政治理论课都属于大学生思想政治教育中不可或缺的组成部分，这两者之间本来就是互相合作和互相补充的关系。两者之间的合作一方面能够推动专业课课程思政的发展，另一方面，还能够促进思想政治理论机制的重新创立和创新。而且，这两者的合作还能够促进学校教学材料的研发、专业性课程思政专项材料的研发、思想政治教育实际工作平台系统的研发等。

第二，要按照教学工作的状况，形成互相联动及合作的关系。思想政治理论课程及专业课老师都开始以教学方案规划、教学行动实践措施等为基础开展合作，一方面能够推动专业课课程思政教学的深层次发展，另一方面还能增加思想政治教育形态体系的具体内容。在教学结束后进行的合作反省思考，有利于两者完善后期教学计划，改善课程机制和具体内容。

第三，根据老师的专业学识素养，形成互动合作的状态。两者之间所形成的互动合作形态，在思想政治理论老师看来，可以加强科学文化内涵、拓宽知识范畴、优化知识逻辑，有利于教学计划的进行。在专业课程中融入思想政治教育，显而易见的可以增加知识储备经验以及思想政治理论课老师的道德水准。从专业课程老师的角度来看，伙伴性质的合作方式一方面可以加强他们的思想道德政治水准，另一方面还可以补足他们的教学规划机制，改善教学水准形态。

（二）完善教学评价机制

课程思政即使已经较多地关注潜在性影响，重视学生精神方面的影响，以及学习习惯等方面的培养，还是要认真完善课程思政的评价机制。评价是为了观察课程思政的实验结果和学生发生的变化，进而完善课程思政的规划和实践。

首先，评价标准。关注于定性评价，并非只是定量评价。而且，思想政治水准的进步需要一个过程，评价需要重视过程而非仅仅关注于最终结果，所以要关注对于评析的阐述而并不是分值。除此之外，评价过程中要尊重发展的规定，也就是重视学生纵向的变化，尽量少去和他人进行对比。过程阶段的评价、定性评价、发展变化评价才是课程思政评价的主要标准。

其次，评析的指标和方式。所有课程都必定拥有它对应的思想政治教育的诉求，具体分为如下三种：情感、态度、价值观。单论情感，就能做出如下分类：学习积极性、学科自信程度、勇于怀疑的勇气、合作和讨论的需求、课程历史观念等。可以通过学生访谈的形式来验证除思政课程之外的课程思政的育人效用成果；通过同一行业听课、不同学科老师交叉听课、不同部门听对方的课的评价形式来验证除思政课程之外的课程思政的专业性成果。深层次发展年终考试评估规定的改革，加入价值观监控测量点，加强思想政治教育内容评价的重要性，验证除思政课程之外其他课程课程思政的综合成效。判断思政元素带入的内容是不是精准、带入形式是不是合适、带入作用是不是存在实效特性。判断学生在接受教育阶段中，是不是拥有正能量的体会。站在全方位、多个水平的角度来推动"课程思政"教学成效的评价由原来的唯一一种专业效果评价转变为人文标准、价值观、社会责任感等多方面的评价拓展。有关于评价方法，往往会使用思想发展档案法、重要事件法、评价表方法等。这其中，思想发展档案法指的是学生形成课程思政档案袋，如果是有关于思想政治教育的部分，那么会使用纸质文档进行储存，好用来评价。

最后，评价的实用。评价最为重要的阶段是结果的实用。站在思想政治教育的角度来看，结果的实用往往要比评价结果起到的作用更大。总而言之，评价结果最为直接的实用是用来完善教学、加强老师的思想政治教育水准。而且，结果还能够用于课程规划的完善、评价指标的完善、制度的补足等。

四、加强制度保障

（一）推动高校党委主体责任制的落实

做好思政课程和课程思政这两者的结合，需要学校党委、院系、职能部门联动，形成齐抓共管、各负其责的工作格局，和闭合完整、全面覆盖的管理链条。要落实好校党委的主体责任。思想政治工作是管党治党的重要内容，开展课程思政是办学治校的重要方面，高校党委要在加强和改进思政课程和课程思政中切实承担主体责任。校党委书记、校长、校党委干部都需要引领老师共同参与集体备课，使思政课程和课程思政结合过程中得到更多的建议，共同想办法。参与思政课程特别是"形势与政策"课的讲课，要做到全程育人、全员育人、全方位育人，把立德树人的根本任务落到实处。

（二）为转变教学理念提供有力保障

站在高校高层的角度来看，要创建把思想政治教育融入管理过程中的观念培养机制。学校党委一方面要制订相应的理论学习以及政策学习体系，加强管理层的思想观念培养；另一方面还要完善听课机制、督导机制等管理体系，进而把理论观念融入真正的教学实践中。站在专业性课程老师的角度来看，要想创建出把思想政治教育融入普通教学中的观念引导机制，最关键的就是让专业课程教师熟悉课程思政和思政课程同向同行的重要性，同时加强思想政治教育理论知识和具体方法的传播与交流，并运用到课程教学过程中，不断总结经验，优化教学过程，提升教学效果。

（三）建立健全学生工作制度

积极落实学生工作，需要将其贯穿于教育和管理的始终。从学生队伍建设角度来看，要提升教育管理水平，增强价值引领力度。通过科学理论，尤其是马克思主义中国化最新成果，让大学生充分意识到"扣好人生第一粒扣子"的重要性，为大学生迎接美好未来起到推动的作用。从师德师风建设水平来看，鼓励广大教师坚持以德立身、以德立学、以德施教、以德育人。将课堂教学的思想政治教育功能充分体现出来，促进各类课程和思想政治理论课的统一协调发展，包括基础课和专业课等，由此产生协同育人的效果。从干部队伍角度来看，需提升服务观念，真正成为大学生全面发展的领航者。学生干部应该在坚持各项基本原则的基础之上，对大学生予以高度尊重，积极落实好大学生的思想引领工作，扮演好心理辅导师的角色等。

第四章 高校课程思政的育人体系

本章主要介绍了高校思想政治教育的教学原则及基本功能；从构建理念、价值导向、保障机制、反馈机制及最佳时间点等方面分析了构建课程思政协同思政课程全方位育人体系；并对推进高校课程思政工作建设中"辅导员"这一角色进行了详细论述。

第一节 高校思想政治教育的教学原则

一、人本原则

人本原则，顾名思义就是以人为本的原则。"人本"这个概念在中华优秀传统文化中由来已久。据文字记载，人本原则的思想雏形来自《管子·霸言》"夫霸王之所始也，以人为本。本治则国固，本乱则国危。"《管子·霸言》中的这句话充分证明了以人为本的思想在我国古代就已经得到了社会的普遍认同。儒家文化的代表人物孟子也曾提出："民为贵，社稷次之，君为轻"。这显示出了人本原则在中国有着广泛而深刻的理论基础与普遍认同。而关于人本原则的思想也是马克思主义理论中最重要的内容之一。马克思主义将人的全面发展中分为三个主要部分，第一个部分是人的能力在整个社会中充分而自由的发展；第二个部分是人的独立性的阶段（以人类对物质的依赖关系为基础）；第三部分是社会关系和人的个性的全面发展。人本原则的最重要体现就是人的自由而全面的发展这一根本目标与最终要求。人本原则在高校思想政治教育中，更着重于作为个体的人的个性的释放与发展，形成一种对人在社会中扮演重要角色及发挥着重要作用的肯定。这个个体不仅是指学生个体，也是指作为教育者的教师，教师同样也是主体之一，承担着重要的责任。思想政治教育工作坚持人本原则，实质上就是坚持以人为本的教育理念，将教育者与受教育者都放在主体的地位，将马克思主义的基本观点运用到日常教学工作中，实现教学资源、综合管理、思想指导三者的有机结合，帮助高校青年学子树立正确的价值观导向、开阔的世界观，以及正确的人生观引领，为今后个人的发展与国家的前进打下良好基础。

二、求实原则

（一）求实原则的内涵

1. 思想政治教育必须适应我国社会发展与人民群众的客观实际

人民作为社会的主人，其本质是一切社会关系的总和。因此，个体所拥有的社会关系及社会意识等因素，不仅会对人民思想的变化发展产生影响，而且还会对其起到制约的作用。思想政治教育对于个体与群体的思想转化都要加以重视，并且要重视社会风气，以及舆论能够起到的作用。这就要求，思想政治教育出发点与立足点一定要是社会发展的实际以及人民群众的思想问题现状，不仅应该将人民群众看成是一个整体，在相同的起点上进行教育，又应该对千差万别的人民群众思想问题深入细致地进行研究，并对其加以解决。这样一来，就能够让理论与实践紧密地联系起来，让思想政治教育本身的针对性及有效性得到增强。要想能够对人民群众思想发展变化的规律有准确的了解与掌握，那么就只能与实际紧密贴合，做好与之相关的调查研究工作，让思想政治教育的针对性、系统性及创造性不断得到增强。

2. 思想政治教育必须与利益引导相结合

人民的思想、行动都与其自身利益密切相关，利益是其进行生产及一切活动的动因，同时也是人民思想问题产生的根源。马克思主义的基本原则，就是让人民群众对自身的利益有充分的了解，并且让人民团结起来，为之奋斗，所以应该将人民的利益作为着眼点进行思想政治教育。从利益导向上看，社会中一切人的关系都是利益关系，社会矛盾之所以会产生，就是因为在利益上存在着差异，或者利益是对立的。如果想要将人心凝聚起来，让矛盾得到协调，从而形成强大合力，其坚持的利益导向一定要是正确的。只有利益导向正确，社会不同阶层和群体才会从根本上协调一致，才能够共同行动和形成社会合力。在我国，国家、集体和个人利益从根本上就是一致的。我们进行思想政治教育的主要任务，就是引导人们认清这种一致性，为共同利益而奋斗，并且在奋斗的过程中让自我价值得到实现。毋庸置疑，个人、集体与国家的利益是不可分割的。在三者统一的关系中承认和尊重个人利益，是马克思主义的观点，也是思想政治教育工作的求实原则的要求。

3. 思想政治教育工作要有求真务实的作风

求真务实是我党的优良作风的集中体现，也是思想政治教育工作必须坚持的一点。思想政治教育工作者必须养成求真务实的作风，把求真务实、言行一致作为自己思想和行为的重要准则。要做到求真务实就要不唯上、不唯书，实话实说，实事实办，少搞形式，不尚空谈；要爱岗敬业，把工作当事业干、当学问钻研，勇于探索、创新；还要以身作则，率先垂范，要求别人做的自己先做到，以自身的模范作用教育、引导、激励受教育者。

（二）求实原则的当代启示

1. 用求实原则引领高校思政课创新

对于思想政治教育来说，其创新的主要渠道就是思想政治理论课，高校思想政治教育传授的知识应该是生动活泼的，而不应该是死板的；应该始终坚持实事求是，从学生的接受能力出发。可思想政治教育的内容具有时代性、具体性，所以，在不同的时期，进行思想政治教育的内容也应该是不同的。并且，高校的思想政治理论课不能单凭思政课教师对学生进行课本的理论知识灌输，要结合现代化的多媒体教育教学方式，在教育教学中与学生发生教育主客体的互动，提高学生对理论课知识的接受性，以此让思想政治教育工作更加具有实效性。

2. 用求实原则营造高校良好的学术氛围

实事求是是学术研究所遵守的基本原则，也是学术的第一要义。因此，高校需要在学术领域真正贯彻求实原则，实事求是地对待学术成果，为高校营造健康良好的学术氛围。高校要用求实原则指导学术态度。尽管学术界对学术行为进行了严格的规范，对学术失范现象加大了惩处的力度，但学术失范行为仍有发生，如找写手代笔等不道德的学术行为依旧出现。因此，在进行高校思想政治教育工作的过程中必须要坚持求实原则，加强高校师生学术道德教育，强化学术规范教育、学术诚信教育、科学精神教育、学术法制教育，保持学术的健康发展。

3. 用求实原则指导高校"全员育人"

首先，高校要以实事求是为原则，进一步完善思想政治教育的领导与制度，把求是原则贯彻到思想政治教育教学及日常的工作中。高校不仅应该反对所有的形式主义作风，也要反对任何形式的弄虚作假，进而促进思想政治教育的领导与制度完善，提高高校思想政治教育工作的有效性。

其次，高校思想政治教育工作应该依靠全体教职工，而不能仅仅依靠思想政治理论课教师或专业课教师。要想提升高校全体教职工的育人意识，要以实事求是为原则，充分考虑高校教职工的人群特点。一方面，要选择合适的载体，利用各种现代化科技手段提升高校教职工的育人意识；另一方面，高校要以实事求是为原则对全校教职工的思想态势进行调研，通过对他们思想现状的准确把握，有针对性地提高他们的育人意识。

最后，在求实原则的指导下进行高校校园文化建设。一方面，高校要以求是原则提升校园物质文化水平，提升校园形象与风貌，对和谐的校园文化氛围进行营造，使学生在潜移默化中接受文化教育；另一方面，高校要以求是原则提升校园精神文化水平，经常开展校园实践活动，从而使学生的综合素质得到提高。

三、心理相容原则

（一）心理相容原则的含义

心理相容是一种群体特性，是指群体中各成员之间由于理想、信念、观点一致而形成的一种融洽的心理交往状态，是良好的人际关系在人心理上的反映。每个人都是独立的个体，由于所处社会环境不同、社会经历各异,以及认知水平参差不齐等,个体之间存在一定差异,主要表现在能力、思维、兴趣爱好、性格和气质等方面。在实际生活中,个体之间又有着相互联系、相互依存的关系,只有承认自身与他人的差异,做到相互理解、相互包容、相互信任和相互支持,个体之间的关系才能呈现出良好的发展趋势,社会也才能和谐发展。心理相容是实现个体之间"你中有我,我中有你"融洽关系的前提和保证。单独的个体只有在充满信任、理解、包容和情感交流的心理环境中,才能激发其主观能动性,使其更具活力、创造性、创新性,更能以乐观健康的心态面对生活、学习及工作,实现自身的价值。个体之间只有心理相容,才能创造一个积极的心理环境,从而将个体的力量凝聚在一起,集中力量实现集体的奋斗目标。

(二)思想政治教育中的心理相容原则

思想政治教育中的心理相容指的是教育主体与教育客体之间不存在心理屏障,认可彼此的能力,接受和尊重彼此的思想观念,理解和支持彼此的个性特征,形成心理和谐一致、情感相融相通的心理状态。思想政治教育要想取得良好的成效,其基本保证和前提条件就是教育者与受教育者之间要心理相容。假如教育者与受教育者之间可以相互信任与理解、包容与支持,那么教育者就能充分了解教育对象的所思、所想、所忧,从而采取科学有效的措施为教育对象排忧解难;教育对象也能够明白教育者的良苦用心,自愿接受教育者的教育引导,进而让思想政治教育工作的实效性得到提升。相反,如果教育者抱有偏见,对待教育对象的时候采用的态度比较生硬,或是教育对象怀疑和不理解教育者,甚至对教育者有反感心理,就必然会导致思想政治教育工作没有办法顺利地开展。

四、灌输原则

(一)灌输的内涵

如果仅仅从表面上对灌输进行理解,就会有不顾人的某种意愿,从外到里强制执行某种事情的意味和感觉,所以,人们往往将其同教育中的满堂灌、填鸭式混为一谈。实际上,这些都是对灌输内涵的曲解和偏见。什么是灌输的真正内涵呢？在马克思主义理论体系中，灌输有特定的内涵：灌输的过程就是用系统教育、日常宣传、实践指导等途径，把马克思主义思想体系传播到工人阶级和人民群众中，让他们的头脑得到武装，帮助他们形成科学的世界观和方法论，为共同的理想而奋斗。灌输的实质就是科学理论与具体革命和建设实践的结合。

（二）坚持灌输原则的必要性

1. 高校思想政治教育的本质任务

在历史的进程中，所有的统治阶级都要求学校培养出来的人才是能够符合本阶级需求的，都会在校园里对本阶级的意识形态、意志进行灌输。所以，社会主义高校思想政治教育的本质任务就是通过各种途径，有目的、有计划、有组织地向青年大学生灌输马克思主义、毛泽东思想和中国特色社会主义理论体系，用马克思主义的科学理论武装青年大学生，引导他们用马克思主义的基本理论、基本立场和基本观点，认识和理解社会现实，改造主观世界和客观世界。

2. 现阶段高校思想政治教育的迫切需要

当今世界正处在大发展、大变革及大调整时期，全球思想文化进行了交流和交融。青年大学生是国家建设和发展的中坚力量，是实现中华民族伟大复兴的主力军，他们的健康成长影响着国家的发展。从目前青年大学生的思想状况看，其主流是积极、健康、向上的，但他们对一些政治问题和大是大非还是缺乏足够的辨识能力。因此，高校要坚持和运用灌输原则，把马克思列宁主义、毛泽东思想和中国特色社会主义理论体系融入大学生的思想之中，引导青年大学生用马克思主义的理论、观点和立场辨识问题，让其对中国的国情及自身所肩负的历史使命要能够树立正确的认识，坚定在中国共产党领导下走中国特色社会主义道路的理想信念，努力成为德智体美全面发展的社会主义事业的合格建设者和可靠接班人。

第二节　高校思想政治教育的基本功能

一、保障功能

（一）师生顺利、高效地完成教学任务

思想政治教学作为最基本的指导理论之一，其最重要的功能之一就是保障师生顺利、高效地完成思政课的教学任务。它能够使教师更加深刻地掌握这项教学实践活动的本质和规律，从而取得良好的教学效果。人们通过对思想政治教育教学的展开研究，树立了正确的、科学的范畴体系，并对教学实践活动有了更深层次的认识，有助于揭示研究对象的本质和规律。学生学习的思想政治教育的四门必修课程在理论特征方面各有不同，特别是"马克思主义基本原理"，是站在整体角度对马克思主义原理进行的概括凝练，为学生提供了科学的方法论与世界观。尽管这些原理内容具备抽象晦涩的特点，但是其具有内在逻辑性，以及突出的教育指导价值，必须得到教师的关注和重视。

（二）大学生树立正确的理想信念

通过思想政治理论课教学可以避免或减少个别学生用个别结论、现象代替甚至否定马克思主义的价值立场真理性等。思想政治教育教师用科学的方法向学生讲授思想政治理论这一科学的内容，可以引导学生对科学的世界观和方法论的掌握。例如在"思想道德基础与法律修养"课第一章，就是要引导学生树立正确的理想信念。人们借助思想政治教育教学，对其实践过程中出现的种种现象、问题、关系都统一到一个有机体里，并对其进行全面的、整体性的分析阐释，从而能更好地认识和把握这一系统。帮助学生树立正确的理想信念是研究范畴的主要内容，构建范畴体系，完善思维形态是教学理论研究的重要任务。通过思想政治教育教学指导教学实践活动，对保障大学生树立正确的理想信念有重要意义。大学生作为青年

群体，朝气蓬勃，极富激情和理想；大学生还是重要的知识群体，拥有丰富的知识和多元化的能力，在看待事物及解决问题方面有着自身独特的认识。但是，我们也必须意识到，大学生尚未踏入复杂多变的社会，还没有在这一过程中积累丰富的经验和阅历。与此同时，他们对于社会上的诸多现象存在着困惑。特别是在多元价值理念和社会思潮涌入我国之后，给高校学生的学习生活带来了很大的影响，也影响着学生的思想认识。当然，让学生提前认识到社会的一些情况是有益的，能够让他们在走出校园后有效地应对多个方面的冲击和挑战。而在大学这一宝贵的时期，教师要引导学生能够对多元价值观进行对照，从而拥有正确的选择，在困惑当中找到正确的方向，坚定理想与信念。我们不能够要求所有的学生拥有统一化的理想信念，但是能够通过发挥思想政治理论教育的作用，让学生树立差异化层次的理想信念。

（三）提高大学生的思想政治觉悟

思政教育范畴是通过思维逻辑对具体的现象进行抽象化，而其功能则是把抽象的概念具体化，用以指导实践。换句话说，这一教学就是从逻辑层面展现了教学过程的系统性和整体性，从而构成教学理论的基础。随着教学手段的不断发展，实践活动内容多样，形式各异；思政教育作为教学的理性认识和基本理论单元，教学每一环节的产生、变化、发展的基础，对教学中的诸要素的位置、作用都有明确的规定，它对教学的指导作用，是教学效果和目的达成的保障。其在思政教育开始前对教师的所采用的教学方式方法也具备指导作用，也是教学方向的重要影响因素，保证教学内容和对学生思想的引导方向是正确的，与马克思主义所提倡的思想、政治、价值观念保持一致。

二、方法功能

思政教育是一门向学生传授具体科学知识的课程，其教学范畴在本质上体现了对教学过程的方法论指导。思想政治教育教学的方法功能主要包括三个层面，首先是思维中的概念辩证法和对客观世界的认知方法；其次是思维的工具和认知客观世界的中介手段；最后是对现实对象的本质规律和内在关系的摹写和规范。思想政治教育教学的方法功能能激发思维的超越,有助于建设高校社会主义精神文明素质基础工程。教学过程中除了对理论知识进行正面传授的课堂教学,更要重视在传授过程中时刻解答学生在领悟理论知识的过程中产生的困惑,这有助于学生在更深层面认识和把握理论知识。思想政治教育教学不是简单的对学生进正面灌输和传播思想理论知识的过程,而是给学生一个正向的引导和培养其解决问题的能力,并对学生成长过程中遇到的难题困惑给予解答的一个过程。思政教育的特点决定了解惑这一方法功能的重要性。大学生正处于成长成才的重要时期,其思想价值观念处于成形阶段,其学习、生活、社会实践都会给大学生带来各种各样的困惑。只有对学生产生的种种困惑给予积极正向和及时的解答,才能真正提高教学的实效性和针对性。面对来自各方面的问题和困惑,思政教育是逻辑的辩证思维,要求要及时、科学地解答学生产生的困惑。要正确面对问题和困惑,促使学生积极思考,推动教学工作的改革发展。

三、构建功能

(一)教学体系的重要组成部分

思想政治教育教学对由其研究对象、规律及原理等构成的教学理论体系的构建是其发展的迫切需求。教学范畴体系具有整体性,任一组成部分都是整体中的局部,是连起整个体系的纽结,没有具体内容也就不能谈范畴体系。相反,教学范畴不能脱离理论体系这一整体而存在,只有在一个完整的理论体系中,教学才具有其实际意义。从整体系统的角度看,其就是教学规律的体现。思想政治教育教学过程中产生的各种现象之间的内在联系和本质,以及发展创新过程中的辩证关系等,都可以通过范畴从不同的侧面进行反映,教学就是系统掌握这一理论体系的主阵地、主渠道。思想政治教育教学是建构其教学理论体系的重要组成部分,为系统掌握中国特色社会主义理论体系奠定了基础。

(二)培育和弘扬社会主义核心价值观体系

思想政治教育教学过程毫无疑问需要理论的指导。这一教学的构建状况、发展状况和水平有着密不可分的关系，它是思想政治教育教学规律的展开和体现，可以提高学生树立社会主义核心价值观的决心和自觉性，使这一价值观在教学过程中可以得到更好的培育与弘扬发展。而学生自觉树立这一价值观的成熟度，与对思想政治教育教学展开研究的广度和深度息息相关，对其的研究直接影响其理论体系的构建，而学生价值观的形成与其对知识理论的认知、坚信有着重要影响。学生对马克思主义理论的认知和认可度越高，那价值观的培育和弘扬工作的完成度也就越高。思想政治教育教学不断改革和发展，其教学实践活动的形式和内容越来越多元化，教学的针对性和实效性的要求不断提高，并向着更高层次和水平发展。

第三节 构建课程思政协同思政课程全方位育人体系

时代的发展，使得思想政治教育的内涵变得更加丰富，成为一个更加完整的体系，课程思政应运而生。但无论选择什么样的教育方式、手段，都要对学生进行全方位的育人教育。所谓全方位育人，就是在大学生教育过程中使思想政治教育体现在不同领域、层次、类型等多个方面，从整体上提升大学生的思想道德素质水平。只有加强全方位的育人教育，形成全面和谐的德育环境，增强大学生的参与感，课程思政才能渗透到学生生活的方方面面，从而有效地提高课程思政教育的实效性。

一、课程思政协同思政课程全方位育人体系构建理念

（一）强化价值引领

价值引领有着强大的感召和激励作用。科技创新、全球化互动正在改变着我们的生活状态和交往方式，充分发挥社会主义核心价值观的价值引领作用，是当前应对多元思潮冲击的强心剂，是维护我国一元意识形态的稳定器。在社会主义核心价值观的共建共享下，我国越来越多的公民自觉

地建立起强大的"中国信念",培植起深厚的爱国主义情怀。如果一个群体内部具有强大的价值导向吸引力,就可以强化主体的角色意识,明确责任边界,增强群体的凝聚力和自信心。从思想政治教育的学科特质来看,思想政治教育与其他社会自然科学不同,其实质是在观念、思想、精神层面对公民进行影响、改造的哲学社会科学,是知识内化与行为外化的双重同一。因此,在开展思想政治教育工作时,更要充分认识到价值引领的重要性。高校全方位思政育人体系的创建,需要明确体系中主体需要遵循的共同的价值原则和导向,始终把立德树人作为贯穿所有环节的主线,牢牢把控正确的教育教学方向,抓住学生与教师这两个主体,在"共情"中强化思想政治教育主体对自身身份的认同感,打通各主体间的情感通道,激活其主体育人力量的同时,确保最终形成的思政育人体系合乎规范,向着正确的道路和方向迈进。

(二)挖掘资源功能

思想政治教育从来都不是由单独存在的几个点所构成的,它不仅仅是高校或者专职思政理论课教师的专属任务,或是只局限在课堂之内的工作,而是一个由多因素教育资源联动参与其中产生作用的有机系统。马克思主义系统观告诉我们在认识、处理和改造事物的过程中,要以整体、全面、立体的眼光代替线性思维,要注意事物的各个方面,遵循其层次性,并分析层次数量、顺序对整体功能的约束限制。在高校全方位思政育人体系的开展构建过程中,要充分发挥能够对思想政治教育发力的每个子系统的育人功能,务必要深入到各个角度来对思政育人资源进行评估整理,拓宽思政教育渠道和方式,尽可能地做到在提升高校思政育人工作的资源选择空间,在提供创新教育平台和手段的同时,无死角、无断层的提高育人资源的价值功能,在"共建"中增强、推动实际效能使其最大化,强化高校思政育人体系的可操作性。

(三)坚持协同联动

在各要素单独孤立存在时,都拥有其特殊意义内涵的"质",但当某种联系与其他部分相结合成为一个整体而存在时,其个体的"质"就会转变为大于原质的"新质"。体系化是实现思想政治教育真正价值性的本质要求。在价值诉求明确、导向一致的情况下，高校全方位思政育人体系的优化必须理清各子系统间的工作机理和内在联系，实现各部门、各机构间的资源共享互通、信息交流互动，才能最大限度地发挥出高校全方位思政育人体系的整体功能，将高校全方位思政育人体系健康持久地运行下去。因此，不仅要在顶层设计中，通过规划、分工构建"齐抓共管"的管理格局，统一领导，还要降低各育人资源之间的重合性，减少内部消耗。在人力、物力合理分配上，要从制度建设、学科支撑、教师队伍建设中完善保障机制，促进各育人资源同频共振，纵向延伸。而且，最关键的是在强化内生动力的建设上，要从动机激励、过程监督、结果评价体系中加强高校全方位思政育人体系的反馈调节机制，提升体系内驱力，不断推动体系实现更新升级。也只有这样，才能推动各机构、要素由条块分割在协同联动中走向一体化建设，促进全方位思政育人体系的可持续发展。

二、课程思政协同思政课程全方位育人体系的价值导向

立德树人是我党对我国教育现状进行宏观把控、总体关切后提出的方针战略。在全方位思政育人体系的构建过程中，要始终秉持立德树人的价值导向，明确立德树人与思想政治教育之间的逻辑关系，将其培植于育人主体的自觉意识中，凝聚共识与力量。坚定以立德为根本，立大德、立公德、立私德，以树人为核心，培养有世界眼光的、有实践能力的、能担当民族复兴大任的时代新人的方向和目标，只有这样，才能使高校思政工作真正纵成一条线。

（一）坚持立德树人的价值导向

1. 立德树人是社会主义高校的立身之本

长期以来，高等院校承担着源源不断地向社会输送人才的重任。中国特色社会主义高校是在中国共产党的领导下，在马克思主义理论的指导中建立发展起来的，强化对伟大中国共产党的认同，是保障全国各族人民同舟共济实现民族伟大复兴的根本所在。在中国共产党的领导下，对于违背中国共产党的领导，危害中国共产党的言辞、损害中国共产党的行为，必须坚决打击与遏制，这是全国人民的政治底线，更是凝聚人民共同意识的

关键保障。只有牢牢把握住人才培养的核心,将党的教育方针政策贯彻并落实到具体的工作实践之中,面向广大学生,坚持立德树人,进行深度的马克思主义理论教育工作,以主动的姿态进行舆论引导,才能增进大学生对理论的认知与认同,从而树立科学的马克思主义信仰。这不仅事关大学生的健康成长和全面发展,更事关国家的发展。中国共产党是用共产主义远大理想与中国特色社会主义共同理想凝聚的马克思主义政党,增进大学生对中国共产党理想信念的认同,意味着将中国共产党人的理想信念转化为大学生自身的理想信念,即大学生以科学的马克思主义信仰,投身中华民族伟大复兴,追求共产主义远大理想。

2. 围绕立德树人构建全方位思政育人体系

从目的性质上看,立德树人不仅强调德行的培养,更加强调成人的塑造,这与思想政治教育工作旨在实现人对"物的依赖"向"自由个性"回归的本质是一致的。其落实在三个层面:理论精神层面、制度法规层面,以及实践活动层面。理论精神层面主要包括教学课程、校园文化及审美艺术三个方面的途径与方法;制度法规层面包括相关法律规范、规章制度机制及管理服务三个方面;实践活动层面包括整体合力、礼仪规范,以及实践活动的三种途径与方法,这些内容均与高校全方位思政育人体系的创建之间具有严密的契合性。因此,高校要始终紧紧围绕立德树人这一价值导向对全方位思政育人体系进行建构。

(二)以立德为根本,坚持德育先行的原则

1. 铸牢理想信念

以立德为根本,坚持德育先行的原则,首先要求立大德,铸牢理想信念。所谓立大德,指的是要铸造大学生坚定的理想与信念之德。大学生作为社会主义事业建设的生力军,崇高的道德水平与修养是最为基础的发展要求。充斥着海量信息的互联网环境,在一定程度上对求知欲强、"三观"正处于成型期的大学生,在塑造坚定信仰和民族自信层面造成了一定的影响。如果大学生不能树立正确的理想道德信念,那么在成长过程中极有可能会被外界的诱惑所影响。因此,在高校全方位思政育人体系的创建工作中,必须要紧紧围绕"立大德"这一根本要求,将理想信念的塑造置于首要的地位,引导学生厚植爱国主义情怀,热爱和拥护中国共产党,践爱国

之行。

2. 严守社会公德

以立德为根本,坚持德育先行的原则,其次要求立公德,严守社会公德。社会公德有效调节了人与人之间的利益冲突和矛盾的约定俗成的隐性规则,是营造良好社会风气的一种手段。大学生作为社会主义事业建设的主要后备接班力量,每一个个体所代表的都是整个高层次人才群体的形象。在校园这个"小社会"的环境中,推动其养成良好的公德习惯,可以帮助大学生在更好地适应社会规则的基础上发挥好模范带头作用,推动整个文明社会风气的营造。就当前情况来看,校园失德失信情况时有发生,甚至一些违背社会公德的行为产生了群体性蔓延的迹象。例如,拖欠助学贷款、破坏教室公共环境卫生、逃避参加集体活动、缺乏集体荣誉感等,在校大学生的社会公德整体水平仍然需要进一步的提升。因此,在高校全方位思政育人体系的创建中,要注重社会道德的浸润,引导当代大学生严格遵守社会公德,培养塑造其社会责任感和感恩之心,积极主动地承担起当代大学生的社会责任,对我国良好社会风气的营造起到表率的作用,发挥应有的价值。

3. 培养高洁品质

以立德为根本,坚持德育先行的原则,最后要求立私德,培养高洁品质。培养高洁的个人品质,是高校全方位思政育人体系创建工作的价值追求,也是一项重要任务。教育工作不应在任何一个环节出现缺失。在实际教学实践活动当中,对大学生的整体评价与衡量标准也同样应当以此为准,要把思想认识作为人才评价的重要部分,尤其是要将个人道德的呈现事件和动态变化作为不可或缺的衡量因素,而不是把理论专业知识课的成绩作为评价学生的唯一硬性标准。

(三)以树人为核心培养担当民族复兴大任的时代新人

1. 培养有实践能力的人

在思想政治教学过程中,要想提高大学生实践能力,对大学生的思想观念进行影响,最终还是要回归到实践领域,将其外化为推动社会发展的具体行动。高校思政育人工作,在原有"德智体美"的人才培养目标基础上，增加了"劳"这一表述，充分彰显了我党对于培育时代新人的实践要求。在革命年代有勇于牺牲自己、成全大局的革命者；在建设时期有兢兢业业、勤勤恳恳的建设者；在新时代，也需要有"不到长城非好汉"的时代新人为社会主义事业添砖加瓦。强调实践活动能力的培养是不可缺少的环节，要能使学生把书本层面的知识，真正意义上地转化、应用到实践活动之中，为大学生道德行为规范的养成起到纠偏作用，就要将理论知识转化为真实能力，让大学生在自主解决实践问题中提升自身的素质水平。

2. 培养有世界眼光的人

全球化形势对我国社会主义建设事业的推进也产生了一定程度上的影响。自改革开放以来，"走出去"的战略思想便在我国孕育并不断发展；2018年，《中华人民共和国宪法修正案》中将"推动构建人类命运共同体"纳入宪法序言之中，要对大国合理关切，以本国的发展来推进各国的共同发展。种种迹象表明，中国特色社会主义事业的建设工作，与国际形势、世界发展之间的关联是十分紧密的。"得其大者可以兼其小"，高校全方位思政育人工作要把培养学生的世界眼光，提高大学生的战略敏锐性作为目标之一，在学生正确认识世界、评价世界的过程中教育、引导学生，使大学生能够以客观、理性的眼光看待世界发展，明确趋势，找准位置和切入点为国家繁荣复兴添砖加瓦、贡献力量。

3. 培养有创新能力的人

创新是社会进步的驱动力量，大学生是我国高等教育的培养对象，是社会建设的活跃力量，创新能力对于大学生而言至关重要，只有创新才能够深入地挖掘科学的本质，才能为社会的进步注入灵魂。在高校思政育人工作中，要对大学生进行渗透教育，向大学生传递创新的思想观念，培养新时代大学生的创新性思维，为社会发展培育新生力量。当代大学生要走在时代的前列，勇敢地怀疑和批判，打破思想的束缚，才能不断获取突破性的进展。为了能够培养具有创新能力的大学生，在高校思政育人体系的创建过程中，既要以创新性的思维作为指导，对以往的教育理念、教学机制、教学方式方法进行创新和转变，学习更加先进的技术手段，为思政育人工作创造更多的新意，在无形中感染和熏陶大学生的思想；又要让大学生参与到与双创相关的活动之中，培植打破陈规、推陈出新的意志品质。

三、课程思政协同思政课程全方位育人体系的保障机制

(一) 规范工作规划,严格育人制度建设

华中科技大学在"党旗领航工程"中强调了制度护航对高校育人工作的重要性,从顶层设计、社区育人、条件保障三方面入手,出台了《贯彻落实"做六有学生"的实施计划》等指导性文件,旨在为高校育人工作指明方向;复旦大学在对标教育部相关文件精神的基础上,聚焦育人体系深化改革,通过分析,明确学生、教师、管理人员等不同主体在育人体系中的任务要求,加大对已有制度的执行力度,建章立制推广基层育人模式方法,提高了育人质量。完善的制度体系能够为高校思政育人工作的开展,提供执行依据和基础参考、规范秩序,是全方位思政育人体系得以有序运行的基础支持,是控制和约束体系规则、模式、发展趋势和走向的有力手段。将育人工作上升为制度,不是要禁锢育人主体的思想和行为,而是要更好地保障主体的根本权益,为其主观能动性的发挥保驾护航。严格高校思政育人制度建设有利于推动知识体系、主体关系、资源分配的规范化和透明化,有利于激发育人主体的育人热情和保护育人主体的劳动成果。在课程思政协同思政课程全方位育人体系制度建设过程中,首先,要求高校要正确解读并理解党中央、国务院及教育部所下发的相关政策文件,结合历史经验和传统进行深入理解;其次,坚持分层原则,结合学校、各部门、各院系的具体教学情况和教学需求,坚持自律与他律、外部约束和内部约束兼修,对各个教学部门、组织管理机构的工作责任、职权范围、工作目标与任务等方面的情况进行说明与规定,为思想政治教育工作的开展提供确切依据;再次,坚持分众原则,根据不同育人主体育人的需要,以及不同育人资源的特点找准育人着力点,参考实践案例建立配套等级标准;最后,优化《高校思想政治工作专项资金管理暂行办法》,突出抓重点、补短板的原则,在深化绩效审核的基础上,简化申报程序,加大投入,着力破解发展不平衡的问题,实现高校教育治理能力现代化。

(二) 坚持改革创新,加强育人理论研究

科学的理论是实践经验的理性总结和升华,蕴含学科逻辑和思维,是

实际践行的指南针，对实践具有巨大的指导作用。但作为理论来源的历史实践总是处在不断变化与发展之中，理论的科学性、严谨性保持建立在对实践变化的正确认识和不断创新更迭中。东华大学实施德育研究提升工程，聚焦思政育人过程中存在的重难点，如课程内容、教学方法、考核方式等，组建研究团队，其目的就是为一体化思政育人提供理论支撑。全方位思政育人体系的创建工作应当以扎实的理论知识作为遵循和依托，不断提升思政育人理论的研究水平，推动育人理论的更新发展。首先，要引导高校师生主动投入到对思政育人理论研究成果的学习之中，以理论知识武装主体，全面提升知识储备，克服经验本位的工作惯性，为思政育人教学工作的全方位开展做好充足的准备。其次，高校要创建思政工作创新及理论研究中心。坚持改革创新的力度，并提升对育人理论研究的整体水平，将研究中心作为教师思政育人理论的交流中心，打造思政集体备课平台，围绕党的建设、思政教育、意识形态工作等相关的理论知识以及实践中的运行情况展开全面的研究和探索。让指导教师将所学所接触的理论知识投入到实践中加以进行应用，在实践中检查、验证普遍理论的适用性的同时，将所得的个别经验重新进行理性整理形成普遍理论，在科学理论知识与实践教学经验两者之间建立紧密的联系。

（三）加强师德师风，优化教师队伍配置

复旦大学在党委领导下开展"强师行动计划"，创建"三关心一引领"模式，全方位提升教师理论教学水平。此外，还将师德师风作为新时代优秀教师育人队伍的首要标准，以"全国优秀共产党员"钟扬同志为学习典型、榜样开展宣传教育活动，引导本校教职工在奉献、服务与担当中钻研学问、修品行。南开大学搭建教师成长平台，成立教师发展协会，从人员机构配置及思想理论水平等层面对教师队伍进行优化，鼓励中青年教师参与"择优资助计划"、创新示范团队等项目，助力教师成长发展。要想在全方位思政育人体系中建立一支强有力的思政育人教师队伍，首要的工作便是提升教师的道德自觉，道德自觉性的高低直接关乎教师在工作中主观能动性发挥的程度。要加强对全体教师的思想层面宣传教育。关注教师的思想动态变化，督促教师认真履行职责，根据学校相关教学制度，贯彻落实党的政策与方针，保持健康的思想状态及正确的行为方式，为学生树立

榜样，对学生进行行为实践的教学。学校要对思想政治教育的专门人才进行大力的培养和选拔，建设一支专业化、职业化的思政教师队伍。鼓励教师自觉和主动学习先进地区、国家的最新知识体系、实践经验等。组织教师参加思政育人为主题的座谈会，互相交流、分享实践教学活动中的成果，互相学习、共同进步。邀请思政育人领域内的专家在学校开办讲座，评选"优秀示范课""思政精品课"，并在线开放、共享等。最后，抓住关键环节，优化教师配置。在教师与学生的比例上，严格遵循专职思政工作人员和党务人员应不低于百分之一，专职辅导员岗位按不低于二百分之一，心理咨询教师不低于五千分之一的方案，优化高校教师配置，满足思政工作开展要求。

（四）打造协同育人机制，形成育人合力

清华大学致力于打造具有"7C"特色的一体化德育体系，成立青少年德育研究中心。其不仅重视各个学段道德教育的联动发展，大力推动大、中、小德育一体化，在附中、附小中传承校风校训；而且在既有的经验和理论基础之上深入剖析，研究家、校、社对德育的贡献度和影响度并加以充分利用。大学生思想道德品质的形成不是一蹴而就的，而是在长期的基础教育与家庭生活、社会环境的不断交往中逐渐形成的。高校思政育人工作是与基础教育开展和社会发展需求具有紧密联系的中间环节。在立德树人的大框架下，根据学生的成长规律、学习接受知识能力的规律和教育规律，对思想政治教育的主要目的、手段、内容进行规划统整，以中、小学思政大纲为基础，消除与中、小学思政教育工作的断层，从基本常识到人际关系再到发展素质渐进拓展。要培养合格的大学生，要以社会需求为标的，培养能为社会做贡献的建设者。创建家校联动的工作机制，通过即时通信 App 等方式来与家长建立沟通渠道，使家长充分认识家庭教育环境的重要性，规范自身的一言一行。要与当地的社会组织建立联系，进行不同方式的合作联动，由各地党委、政府牵头，深化校地合作，促进学校与社会组织团体、企业之间的互动，依托社会大资源库，加强思政教育与现实生活的联系，营造社会育人氛围。

四、课程思政协同思政课程全方位育人体系的反馈机制

(一) 全方位思政育人体系的激励办法

激励机制是指以人的需要为出发点,运用一定方式提升主体在追求既定目标时的主观意愿程度,从而激发自身的能动性、主动性和创造性,并生成与之对应的积极行为方式,这是促使主体发挥潜能、提高工作效率的重要手段。贵州财经大学在强化顶层设计,推动教学改革的过程中,针对不同层级标准的教师给予相应标准的薪酬,形成了"5+1"模式的激励机制来提升教师参与的积极性,初步形成了教改成果数量多、优良率高的格局。高校全方位思政育人体系中主体多元,主体诉求多样,要想设计高效、生动、稳固的激励办法,就要在高校全方位思政育人体系中改进激励办法,首先,要注重对育人主体多重需要的激励。思想政治教育工作不是功利性的社会活动,不以经济效益和物质利益的获取为最终目的,因此,在激励过程中,也不应单纯的以物质激励为主线,还要从主体的精神需求入手,在人格和思想上引导主体全面地占有自己的社会关系,在实现自身价值和能力突破的过程中产生自豪感、成就感和满足感。其次,创新激励的方式与方法。时代环境和人的思想观念都处在不断地发展变化之中,激励办法的运用要与之相适应,在适应中寻求超越,在继承传统榜样示范、物质奖惩的同时,要发展和创新实践锻炼、情感体验等激励因素,充分结合网络新媒体生动形象地表现激励内容,提升激励水平。

(二) 加强对思政教育教学质量的检查监督

思政育人工作在实践中的落实与执行不能仅仅依靠育人主体的自觉性,更为重要的是要对工作的实施过程进行实时审视与监督。充分利用纪检监察部门的监督作用,强化制度执行力,从而推动思政育人工作常态化稳定发展。在高校全方位思政育人体系的构建中,要加强对高校思政教育教学质量的监督。首先,要强化高校思政育人工作的监管责任体系。主要是要明确从中央到地方、从高校到院系,再到组织部门的每一个环节、各个主体部门所承担的责任,只有将责任进行清晰明确的划分,才能确保在

未履行责任的情况发生之后能够及时向动作主体予以检举和提醒。其次，要整合校内、校外两方的监督资源，推进监督机制常态化。其中校内监督指的是在高校要创建完善的自我监督体系，设置专门的思政育人监督部门，制定完备的思政育人工作质量检查与监督工作制度。学年初向各个部门下发学校所制定的年度思政育人工作制度；在学年后则要对完成情况进行检查与纠正；并且在学年中组织不定期的抽查，以引起学校全体教职工对思政育人工作的充分重视。校外监督主要是由高校所在地的纪委来进行教学外部的监督，以增加学校履行思政育人职责的主动与积极性。

（三）建立思政育人效果的科学评价体系

科学的评价机制能够通过对执行过程和执行结果的评估、总结，给予系统以正向反馈，从而得出改进策略、方法，以促进系统升级完善，推动系统的健康可持续运行。中国人民大学在本科人才培养过程中，设计制定了以学生成长阶段为线的学生课外综合管理评价系统；北京林业大学通过实施"青蓝计划"强化评价激励机制，从思政育人过程、质量效果和学生的获得感三个维度，进行综合考评、立体分析，以此提升教职工人才培养能力。客观看待思想政治教育工作目标的实现程度，是具体评判育人体系的实施效果的必要条件。通过评价结果的展现、反馈，从中了解体系自身现存的不足并加以改进，是实现建构长效全方位育人体系的必由之路。具体从受体对象的角度划分，高校全方位思政育人体系的评价体系可分为对学生学习效果的评价和对教师教学效果的评价。首先，针对学生学习效果的评价，要打破以往以定量考试成绩为定性标准的错误导向。第一，创新评价方法。将静态考试成绩与学生成长的阶段性动态变化相结合，将重点放在非认知领域，以课程成绩为核心，以调查研讨、专题作业、时间观察等多种方式为辅助，对学生进行全面评价。第二，拓展评价内容。将生硬的理论知识与开放性的实践应用相结合，以启发联想代替死记硬背、生搬硬套，实现学生学习由认知向认同、由他律向自律的转化。其次，针对教师教学效果的评价。第一，在院系评价工作中，务必要制定量化的具体指标，尽可能地消除评价时的主观色彩，提高客观性，对全方位育人体系的落实情况进行检验。第二，动员学生的主体性力量，高校要将每一个班级作为一个单位，以学生为评价主体，以教师工作为对象来进行评价。同时，为了确保学生对教师评价结果的公正、公平性，学校可以采用匿名投票与网络投票相结合的方式来组织评价活动，并且将两种评价的结果进行横向对比，更加客观地获取最终的评价结果。

第四节　推进课程思政建设的重要角色
——辅导员

一、高校辅导员的角色定位

（一）思想政治教育的引导者

高校辅导员是开展大学生思想政治教育的重要力量，承担着大量第一线的思想政治工作，是其核心职能的履行，是这个角色自诞生起就肩负的使命。目前，我国高等教育大众化趋势正稳步前进，在校大学生的数量逐年增加。大学生是非常宝贵的人才资源，他们的思想道德、科学文化素质与我国现代化的建设和发展息息相关。所以，在对高校思想政治教育的指引上，辅导员肩负着重要的职责和使命。

（二）身心健康发展的疏导者

大学生涯是青年人社会化的重要阶段，而辅导员又是经常与学生接触的老师，对学生的成长有着潜移默化的影响。因此，对学生身心健康的疏导，是辅导员角色扮演的客观要求。大学阶段，学生的心理和生理发展走向成熟，在这一时期他们开始从心理上摆脱对家长的过多依赖，自主意识逐渐增强，心理变化比较激烈，情绪容易不稳定和产生矛盾。随着社会生活节奏的加快，事事讲求效率，生存发展空间竞争激烈，致使部分大学生在社会认知、生活、学习、人际交往以及就业方面存在不同程度的心理压力，严重者甚至导致心理疾病，对自身和社会造成许多不良的后果。尤其是作为新生力量的 90 后、00 后一代，大多是独生子女，受家庭环境的影响，他们个性张扬，善于表现自我，但独立生活能力相对较弱，自我意识明显，抗压、抗挫折能力不足，看事容易片面和极端，容易产生心理问题。加上市场经济的刺激，强化了大学生的自主观念和竞争观念，导致其个体意识增长，而缺乏团队意识和集体主义观念。

另外，社会在一定时期贫富差距的拉大，导致学生家庭贫富程度不同。一部分学生容易养成铺张浪费、骄奢的生活态度，而有些学生容易产生自卑、内向和孤僻心理，这些心理异常都不利于学生的健康成长。要想应对这些问题，辅导员就要担当好心理辅导者的角色，要及时了解社会发展的需要，了解学生的情绪状况和心理走向，掌握和运用心理学的方法，多对学生沟通疏导，结合学生身心健康的发展情况开展合适的心理健康活动；而对个别问题又要有针对性地疏导，努力使学生养成积极、向上的生活态度，让其在实践中认识社会，培养其面对挫折的心理承受能力和抗压力。

（三）校园和谐建设的助推者

校园和谐涉及多方面因素，如人际关系的协调、校园环境的优化、校园文化的建设和校园危机的处理等问题。构建和谐校园是构建和谐社会题中应有之义，彰显了以人为本的教育理念，是培养高素质人才的迫切需要。

通过对学生日常生活的服务和管理，引导学生参加各类社团和社会实践、组织开展寝室文化活动，既丰富了学生的业余文化生活，使他们调整了知识结构，又陶冶了道德情操，提高了思想水平，密切了人际关系，同时这些活动也极大地促进了校园文化建设。在开展日常安全教育，增强学生的危机意识和政治敏锐性，预防和处理校园突发事件等方面，辅导员也是责任重大的。学生在校一旦发生问题，首先想到的就是向与学生日常生活紧密联系的辅导员寻求帮助。面对突发情况，辅导员往往要在第一时间了解信息。此时，辅导员对事件的最初反应、初期处理手段可以说将直接影响到事件最终能否圆满解决。校园突发事件的善后心理干预工作也很重要，在重大事件中一个人的不幸身亡或伤害，会给周围百人以上带来情绪波动和氛围低落等现象。辅导员应该及时开展系统的疏导性工作，帮助学生稳定情绪、平衡心理状态来面对已经发生的现实。

(四) 学习和生活的管理者与服务者

辅导员是学生学习和生活的管理者与服务者，这是指辅导员在学生日常生活、学习等方面的职责。比如其在具体课程和学习方法的选择、日常生活的安排，以及考勤、评优、学籍户口管理、请假等方面的服务和管理，目的在于方便学生学习和生活。

现今绝大多数大学生都是独生子女，不论生活在城市或农村，都曾长时间生活在学校和家长的呵护下，比较缺乏自治能力，独立性不强，因此需要在生活和学习有更多上的帮助和关心。大学学习以自主学习为主，良好的学习态度和学习方法对于大学生的成才至关重要。在大学里要学习的课程有很多，包括专业课程、选修课程和公共课程，还有各式各样的社团和职业能力培训，学生可选择的范围很广，不容易取舍。大学的生活环境比较宽松和自由，很多学生自控能力不强，容易发生诸如产生网瘾、旷课、熬夜等现象，对学生的身心健康造成损害。所以，辅导员在学习和生活上要对学生进行适当的管理和服务。

二、高校辅导员角色定位存在的问题

（一）辅导员的角色不清

所谓角色不清是指社会大众或角色的扮演者不清楚某一角色的行为标准，不知道这一角色应该做什么、不应该做什么和怎样去做。但是辅导员要实现教师和干部双重身份的兼顾是有难度的。

辅导员担负着学生思想道德等方面的教育职责，工作在学生思想政治教育第一线，是高校学生德育的组成部分。在个别访谈中，几位辅导员纷纷表示，他们在实际工作中担任的相关课程非常少，大多是本该负责这门课程的教师因事缺席，才轮到辅导员暂时代课，而问题是人们普遍只认同担任课程教学任务的人员为教师，所以辅导员经常被排除在教师队伍之外。辅导员教师的身份很容易被忽视，很容易让人觉得辅导员只是管理学生和处理日常琐碎事务的行政人员。辅导员管理学生的各项事务，如主抓课程安排、上课出勤、寝室卫生和组织各种活动等，通常，辅导员与学生之间的关系被理解为管理与被管理,却忽视了教师与学生的关系。正是由于辅导员职责覆盖范围含糊,日常学生事务琐碎,工作重点难以突出,而且处于受多个部门管理和监督的学校管理机构最底层,使辅导员很难获得与专职教师一样的素养和尊重,其教师身份时常被忽视成为不争的事实。辅导员本人容易沦为学校的边缘人物,不容易得到社会、学校和学生的认同。辅导员岗位更容易被认为是不具有专业性,而是具有很强的替代性的职位。

由于辅导员日常事务繁重和这种角色定位的不清晰,使得辅导员本职工作不能很好地发挥和展现,陷入了两种困境。一方面,学生日常事务和管理工作繁重,都不分职责地落到了他们身上,不得不处理;另一方面,这些事务要花费大量的时间和精力,不利于对学生进行思想政治的教育引导、心理上的辅导、职业生涯规划和就业等方面的指导,尽管做了很多工作,但是其在心理上与学生处于一种游离状态,很难真正走进学生心里,成为知心朋友,导致了辅导员实际工作量与工作效果的不平衡,工作效率低下。这种在学校中的角色定位不清,还容易导致辅导员对未来职业发展不明确,职业发展信心和动力不足,造成很多辅导员在心理上缺少归属感和成就感,不利于高校学生事务工作的顺利开展。

(二)辅导员的角色冲突

1. 角色间冲突

对学生进行理论教育,辅导员要扮演教师角色,要求辅导员具备较高的理论素质和教学基本功;对学生进行职业规划和就业指导,辅导员就成了就业市场的开拓者,要能够分析市场和就业形势;而扮演校园和谐建设者角色,要求辅导员具备良好的危机干预能力和灵活性。作为思想政治教育者和心理健康疏导者,辅导员必须打入学生内部,成为他们的知心朋友,获得学生的亲近和信赖;而作为学校学院相关规定条例的传达者和强制性制度的管理者,辅导员又必须具备相应的严格和威严,还难免会引起一些学生的抵触和反感情绪。以上这些职责都是辅导员要亲力亲为的,而且是要必须做好的工作。就辅导员个人而言,集多种角色于一身,多种职责都要尽职,这难免使辅导员感到应接不暇,苦于应对,容易产生角色间冲突。

2. 角色内冲突

辅导员扮演着多重角色，也背负着不同人群的角色期望，他是社会、学校、家庭之间的纽带，也是上级、教师、学生和家长之间的桥梁，他面对着来自不同方面的期望。对于国家而言，希望辅导员成为思想政治教育的引导者，提高学生思想觉悟；对于学校而言，希望辅导员成为学生的良师益友，学校相关政策的良好传达者和执行者；对于学生家长而言，希望辅导员关心和负责离家学生的生活和学习；对于学生而言，希望辅导员不是管理者，而是知心朋友，能够给他们提供及时的帮助和指点。

可以看出，辅导员在高校工作中处于节点位置，一旦出现两方或两方以上的利益冲突时，辅导员往往进退维谷，既要及时完成上级下达的要求，又要考虑学生的情绪和意见，在这个节点上要寻求平衡，如果处理不当就很可能使自身威信和学生的亲近感下降。辅导员作为高校教师的重要组成部分，渴望受到社会的良好评价和认可，渴望受到任课教师同样的待遇和尊重。对个人发展空间和职业长远规划、科研和培训也有要求，而这些要求的事与愿违，则往往容易引起角色冲突。

此外，辅导员自身性格和价值取向等自身局限，也可能会引起角色冲突。处理大量的学生工作和负责上下级信息的传达，要求辅导员具有良好的交际能力和开朗的性格，更要具备较强的心理承受能力。面对日益变化的各种观念，辅导员如果不能及时转变观念，积极应对，对新旧观念进行调适，很可能在工作中陷入角色冲突之中。

三、影响高校辅导员角色定位的原因分析

（一）影响高校辅导员角色定位的社会因素

1. 社会宏观环境新变化带来的挑战

任何事物的发展都离不开它所处的社会和时代大背景，因此，辅导员角色的扮演在客观上受到社会宏观环境变换的影响和制约。当今的时代是一个快速发展的时代，是一个社会急剧变革的时代。随着我国改革开放和社会主义市场经济体制的不断发展和深入，推动着我国政治、经济和文化

等迅猛发展，也给人们的生活方式、思想观念等带来了深刻变化，使得社会价值发生着急剧变化。市场经济带来的经济性、效益性和竞争性以及自主性等影响，潜移默化地影响着每一个社会成员的观念和行为，必然也会对辅导员的思想观念和价值取向造成深刻影响。这些影响一方面有利于辅导员开阔眼界，激发起个人发展动机和成就欲望，另一方面也有负面影响。过分看重个体性、自主性和竞争性，容易产生急功近利和个人主义倾向，导致辅导员角色行为不当和对角色认知模糊。

辅导员作为高校教师的组成部分，其担负着思想等方面的教育和引导职责，具有较强的道德行为示范性，社会和学校等都对其赋予了较高的、不同的期望。因此，在实际工作和生活中，辅导员个体往往面临着新旧价值观念及时转变的问题考验，如若不能及时地进行心理调适，就可能陷入心理上的冲突和压抑，进而导致所扮演角色的冲突和混乱。

生活在社会转型和发展时代的大学生，他们在思想、个性和行为特征等方面，无不深深地打上了时代的烙印。伴随着改革开放和全球化成长起来的一代，他们在学习世界先进文化和文明成果的同时，也容易受到腐朽思想和不良生活方式的影响。受到个人阅历和思想水平等的限制，导致大学生在思想觉悟和生活、消费观念上容易被误导，产生个人主义、享乐主义、自由主义等倾向。

另外，高校扩招问题、独生子女增加问题、就业问题等及其衍生问题的出现，也是影响辅导员角色定位的重要因素。高校扩招与高等教育大众化时代的到来，有利于提高我国整体文化素质水平，但也带来了不少问题和挑战。诸如生源质量下降，这是无可争论的事实。毕业生持续增加，就业难成了现实的问题，这也是引发大学生心理问题的原因之一。

随着高校规模不断扩大，人数持续增加，所牵涉的问题也越来越多，上万甚至数万有着不同家庭背景、教育需要、思想水平的学生集结在校园里，给高校的管理带来了许多困难和挑战，这也使得辅导员角色外延不断被扩大，工作任务在量上和难度上都有很大增加。

2. 学生工作转型和深化带来的挑战

我国高校辅导员的工作内容和主要职责与高校学生工作的内容是一致的，并随着教育改革的不断深入和学生工作的转型而发生变化与转换。其传统核心任务始终是加强对学生思想政治教育的引导。社会环境的变化和发展，促进了高等教育的不断推进，同时对高校学生工作的转型和深化也提出了新要求，这使辅导员的角色扮演面临新的挑战。

辅导员制度建立之初，其工作主要集中在学生思想政治教育的引导和日常管理事务上。但是随着我国现代化建设和市场经济的不断完善，以及素质教育的全面推进，学生面临的问题也逐渐增多。学生压力大，心理问题突显，要求加强学生的心理疏导；不良思想观念涌入校园，影响校园和谐氛围，要求加强校园文化建设；高校扩招，自主择业政策的实施，造成就业压力大，要求及时对学生进行职业生涯规划和就业指导；互联网的普及，虚拟空间里大量信息充斥，要求对学生进行思想教育的网络延伸；等等。可见辅导员的工作早已不再局限于思想政治教育，多重角色的扮演考验着辅导员的各种能力和素质。学生工作的转型和深化，赋予了辅导员很高的期望，辅导员的工作内容也在不断拓展。

辅导员既是干部，又是教师，赋予这种双重身份是对辅导员队伍发展一种关照性的制度安排，给辅导员的发展提供了政策性倾斜。但是这种双重身份，也导致了对辅导员角色期望过多，既有来自作为教师的角色期望，也有作为干部的期望，使辅导员扮演的角色更加复杂化。这种高期望是对辅导员的激励，但同时也容易引起辅导员由于角色冲突带来的工作压力。

（二）影响高校辅导员角色定位的制度因素

1. 辅导员管理机制不完善

在一些高校中或多或少存在着辅导员管理机制不够完善的情况，大多处于校、院两级管理归属不清楚的状态。无论哪个部门基本都可以指挥辅导员。辅导员的日常安排，比如考核、检查等工作由校学生处、团委和院里管理；人事任免、福利编制等由校党委组织部和人事处负责。在这种多头管理的机制中，辅导员既要肩负学校委派的任务，又要处理院里的学生事务，导致辅导员扮演角色过多，岗位职责过于繁重，在承担许多工作任务的同时，还面对着不同的行为规范，面临着来自各个方面的压力和监督。管理机制的不完善衍生出岗位职责的不明确，工作内容的复杂，使辅导员角色难以定位，不利于辅导员角色的实际践行，导致其对学生进行思想政治教育的核心任务也难以履行。倘若遇到紧急情况或人手不足，辅导员是最先被想到的人,他会变得异常忙碌,但遇到培训和进修等机会的时候,辅导员往往无人问津。

2. 高校对辅导员队伍建设重视程度不够

部分高校不够重视辅导员队伍建设的重要性,这在很大程度上对辅导员职能的发挥和角色的良好定位产生了影响。在实际工作中,部分高校只把科研和教学作为工作重心,把经济效益和学术成果摆在了突出位置,而忽视了高校辅导员的思想政治教育作用,或是只把其看作附庸职能。在实际工作中这种不重视表现为几种情况。

(1) 人员配备不平衡虽然教育部统一规定高校一线辅导员与学生的配备比例不低于1:200,但现实中很多高校达不到这个比例,调查的几所高校辅导员和学生的比例达到了1:300或1:350,甚至更低,导致辅导员在学校编制上得不到保障。有些学校还存在以兼职代替专职辅导员的现象,不仅影响辅导员队伍建设,还影响其自身发展。

(2) 结构不合理近年来,辅导员的学历层次较以往有所提高,硕士生和博士生也加入了辅导员队伍,为辅导员队伍注入了生机与活力。但辅导员学历结构问题突出,一些学校在辅导员的选聘时主要强调辅导员是不是中共党员,是不是硕博学历,而其实际所学专业却被放到次要位置。尤其是一些理工科专业毕业的辅导员未经过专门的职业培训,缺少教育学、心理学、社会学和管理学等相关知识,缺少学生教育和管理的功底及技能。

(三) 影响高校辅导员角色定位的个体因素

1. 辅导员自身的性格因素

性格是指人对现实的态度和行为方式中比较稳定的人格特质,是一种与社会相关最密切的人格特征。人与人之间的差异主要表现在性格的迥异上。每一种职业对从事人群的性格都有一定的要求,只有具备该职业所要求的性格特征,才能更好地适应这一职业工作。选择职业时,充分考虑自身性格特征与职业特点,实现性格与职业的匹配,有利于更好地发挥个人才能和优势,这在职业心理学和人力资源等领域早已成为无可争议的事实。辅导员作为一种职业,对从业人员的性格具有特殊要求。作为教育工作者,经常和学生接触,从事学生事务的教育和管理工作,其言行对学生性格的形成和发展具有潜移默化的影响;作为行政管理人员,经常与上下级打交道，负责传达和执行上下间的任务。正是由于辅导员在高校中担负着教育引导、监督管理、桥梁纽带和榜样示范等作用，要求辅导员要具备积极健康的心态和开朗乐观的性格。辅导员工作是一项爱心与责任心共融的事业，教育不能缺少爱，所以是否具有较强的事业心和责任感、耐心和热情，是否开朗而稳重等，是辅导员选聘机制在辅导员入门时应该慎重考虑的。

2. 辅导员对自身角色认知的偏差

辅导员对自身角色的认知，主要是指辅导员对自身角色地位、相应角色行为规范及其角色实践的认识、理解、体验和自觉。辅导员集教育、管理和服务于一身，不同于专业教师，也不同于一般行政管理人员。在个别访谈中发现，不少辅导员都把自己的角色定位为行政管理人员。而在实际工作中辅导员扮演着多重角色，面对多方面的要求和角色期望，使得一些辅导员忽视了思想政治教育引导者这个本职主要角色，出现不同程度上对自身角色认知偏差，造成以行政工作为主，工作重心偏离等现象。

同时，辅导员对自身角色的认知往往受自我判断和自我评价的影响。高校教师的自我评价主要通过社会评价、自我分析和社会比较进行，所以，高校辅导员对自身职业角色的评价和认知主要来源于社会、学校和学生对辅导员这一角色的评价和认知。

一直以来，社会和学校等对辅导员认知和评价等方面都存在不合理认识，致使一些辅导员对自身角色的评价不是很理想，职业认同度不高。一些辅导员选择本职业并不是因为自身职业兴趣，而是考虑到其他诸多原因，甚至个别人把辅导员岗位定位为读研的捷径，进入学校管理层的踏板或是成为专业教师的曲线方式等。这些自我认知的偏差，容易造成社会等方面对辅导员职业认同度的降低，不利于辅导员专业精神的提升，更不利于辅导员队伍的专业化发展。

3. 辅导员自身专业素养和专业技能有待提升

从职责和工作内容的角度考虑，辅导员工作是高度的专业性和综合性的统一，要求辅导员应具备较强的职业素养和工作能力，这是辅导员角色本身对角色扮演者的客观要求。但是由于辅导员工作内容宽泛，工作量大，既要负责学生日常事务的教育和管理，还要负责相应的行政职责，集多种角色于一身，使得辅导员在忙碌之外，没有多余的时间和精力进行及时的学习,来提高个人专业素质和能力水平。加之很多学校对辅导员队伍建设的不重视,缺少必要的辅导员专业技能培训,在辅导员职业准入和职业规范方面管理松懈,引入不少未达到职业要求的人员,势必造成一些辅导员专业素养和技能不高,业务知识欠缺和知识更新不及时等问题。致使不少辅导员缺少对学生进行教育引导和事务管理的技能和知识储备,部分辅导员面对工作的新形势和新问题缺乏相应的新手段、新办法,容易引起处理事务时的不适应和手忙脚乱,不利于工作的顺利开展,甚至给角色扮演带来冲突和紧张,是影响辅导员角色合理定位的重要因素之一。

四、新时代高校辅导员角色建构的出路

(一)组织在个体角色建构中的策略

在角色建构中,组织需要定义角色的合法性、分配角色并对角色进行评估,在辅导员的角色建构中,组织可看作是教育行政主管部门和高校,教育行政主管部门定义辅导员的角色期望、提供辅导员职业发展的支持;高校分配辅导员的角色并对角色实践情况进行评估。在辅导员的角色建构中,组织需要采取减少辅导员角色期望的多样性、提高角色领悟的充分性、减轻角色实践的繁重性、营造辅导员良好的工作和学习氛围等措施,来帮助新时代高校辅导员进行角色建构。

1. 减少辅导员角色期望的多样性

辅导员的角色期望是因时而进、因势而新的,新时代辅导员角色期望有其发展性、多样性和冲突性的特点。在新时代高校辅导员的角色集中,包含9个不同领域的角色,这些角色包含了"事务工作者""理论研究者""教师""朋友"等性质不同的角色。"事务性工作者"需要个体耗费大量的时间和精力,重复性极强;而"理论和实践研究者"需要个体静心于理论研究,要求个体富有创造性。两个角色对其扮演者的要求相差甚远,因此辅导员在扮演"事务性工作者"角色的同时难以再扮演好"理论和实践研究者"的角色。"教师"为人师表,需要具备一定的理论知识和丰富的实践能力,为学生传道授业解惑,是师者和长辈;而"朋友"是建立在双方平等基础上的身份,要求双方有一定的相似性,是伙伴和同辈。因此,

辅导员在扮演"教师"角色的同时难以再扮演好"朋友"的角色。新时代高校辅导员角色的发展性导致其角色集的多样性,而角色集的多样性又导致了其角色的内在冲突性,但在国家和社会所赋予辅导员的角色期望不能改变的情况下,配置班主任和辅导员助理来承担部分角色,是减少辅导员角色期望多样性的另一种途径。班主任和辅导员助理可以扮演学生"日常事务管理者"的角色,协助其开展入学教育、毕业生教育、勤工俭学活动及相关管理和服务工作,协助其处理军事训练,各类奖学金、助学金、办理助学贷款的事宜,为学生提供生活指导等。

2. 提高辅导员角色领悟的充分性

辅导员的角色领悟决定其角色实践,虽然现实情况会使两者存在偏差,但个体还是会在实践过程中努力扮演好自己认为应该扮演的角色。要致力于提高辅导员角色领悟的充分性,就需要结合辅导员的职业成长环境、成长路径,以及外部支持的需求来入手。推动思想政治教育学科建设,加强辅导员专门人才的培养力度;建立职业准入制度,把好辅导员入口关;实现辅导员工作注册制,把好辅导员工作过程关;完善各级培训制度,加强辅导员培训力度;等等。这些都是组织提高辅导员角色领悟的有效策略。

(1) 推动思想政治教育学科建设,加强辅导员专门人才的培养力度

和国外的大学生事务工作者不同,我国目前并没有一个对应辅导员工作要求而设立的大学专业,去培养辅导员的专门人才,大多数高校在招聘辅导员时也并不限制辅导员的专业,这就造成了新晋辅导员在扮演角色的初期无法深刻地认识角色期望,也就不可能很好地完成自身的角色领悟。这成为辅导员在角色领悟中的先天不足。强大的学科支撑、连贯的人才培养路径是专门人才培养的一个决定因素。辅导员最初的职业角色为"政治引路人",因此,思想政治教育学科作为其学科支撑有其历史性和必然性。但随着时代的发展,辅导员的角色从单一角色到九个角色,思想政治教育学科的支撑是否足够?是否在时机成熟时可以将辅导员工作发展为学科的一个专业方向?辅导员工作专业方向是不是社会学、心理学、思想政治教育学科的交叉学科?这些都是辅导员是否能够深刻领悟自身角色需要解决的源头问题。

与此同时,辅导员博士培养作为辅导员高级专门人才的重要培养途

径，应该在学术上、实践上为博士生创造良好条件。高校亟须一批既熟知从事辅导员职业相关的理论知识，又熟悉辅导员实际工作的博士生导师来加强辅导员博士的培养力度，让理论走出书本和辅导员的工作实际紧密结合。高校要为博士生提供担任低年级学生辅导员的工作机会，让他们在实践中研究理论、创新理论，推动学科和专业的发展，加强辅导员整体的角色领悟程度。

（2）建立职业准入制度，把好辅导员的入口关

实现辅导员工作注册制，把好辅导员工作的过程关；完善各级培训制度，加强对辅导员的培训力度。在辅导员入口处建立必要的职业准入制度，可依据《高等学校辅导员职业能力标准（暂行）》的知识范畴进行专门考试，通过后方可取得执业资格证书，有执业资格的辅导员才能参加高校辅导员的选拔任用，让他们在成为辅导员之初就能充分知晓自我角色。采用全国统一的辅导员工作记录，让初级、中级、高级的年限由权威的机构进行记录和认证，使辅导员的管理过程实现统一化和规范化，并针对不同工作年限的辅导员进行不同程度的角色领悟方面的培训。加强对辅导员科研项目和访问学者的支持力度，让更多的优秀辅导员在工作实践中接受高水平的学术指导，提高角色领悟水平，提高学术能力。加大思想政治教育工作专项博士的招生力度，让更多优秀的辅导员接受系统的学术训练，成为辅导员学术研究的先行者，推动辅导员整体角色领悟水平的提升。扩大辅导员短期国内外交流和短期培训的覆盖面，交流学习的机会应更多地向独立本科院校辅导员和高职高专院校辅导员倾斜，让他们能够在繁重的工作中进行学习交流，更好地提高他们的角色领悟水平。

3. 减轻辅导员角色实践的繁重性

辅导员在角色实践中都面临繁重的日常事务性工作耗费掉大部分精力的情况，导致了其自我角色领悟和角色实践难以保持一致的问题。要减少辅导员角色实践的繁重性，提高辅导员角色扮演的充分性，需要采取划清辅导员工作界限和营造同向同行育人环境的策略。

（1）划清辅导员的工作界限

教育行政部门需要推动学校进一步明确辅导员的工作边界，避免辅导员工作的无限责任制；高校需执行教育部相关文件精神，按照规定足额配备辅导员，明确辅导员的工作边界，避免辅导员完全陷入日常事务性

工作。

(2) 营造同向同行的育人环境

坚持全员全过程全方位育人。把思想价值引领贯穿教育教学全过程和各环节，形成教书育人、科研育人、实践育人、管理育人、服务育人、文化育人、组织育人的长效机制。专业课老师在教授专业知识中也有育人职责，需要"守好一段渠、种好责任田"，使专业教育与思想政治教育同向同行，形成协同效应，减轻辅导员的工作压力。

4. 促进辅导员有效建构自我角色

在采取以上策略帮助辅导员减少角色期望的多样性、提高角色领悟的充分性、减轻角色实践的繁重性后，组织还应该采取构建辅导员工作团队、打通辅导员"多线"晋升通道的策略，来帮助新时代高校辅导员有效建构自我角色。

(1) 构建辅导员工作团队

学校应培育辅导员工作团队，实现辅导员角色的单一化，尽量在配置一线辅导员时遵循事务性辅导员（本科生）和研究型辅导员（硕士、博士）相结合，初级、中级、高级辅导员相结合，以及不同专业教育背景的辅导员相结合的原则。

在日常培训中丰富培训的层次和内容，满足处于不同发展阶段的辅导员的需求。引导不同年限的辅导员结合自身特长进行职业规划，鼓励他们坚持某一专业领域的研究，成长为这一领域的专家。将一个基层教育单位的辅导员团队，培育为九个角色均有专家的专业学生事务管理团队，指导学生解决成长过程中的不同困惑。

(2) 打通辅导员"多线"晋升通道

教育行政主管部门需要督查高校将《普通高等学校辅导员职业能力标准（暂行）》《普通高等学校辅导员队伍建设规定》中的人员配置、职称评聘等政策落实落地，避免出现政策"空转"。高校要落实辅导员职称评聘单列计划、单设标准、单独评审，评审过程应充分考虑辅导员工作的特殊性，不能简单地统一到专业教师序列去一概而论。各学校应根据自身情况制订辅导员评级定级细则，对应相应的职级待遇，让辅导员职务晋升不单为狭窄的"机关"途径，而是形成辅导员职称、职务、职级的"多线"晋升通道，稳定辅导员队伍，做好辅导员专业化、职业化发展的导向。

(二) 个体在自我角色建构中的策略

1. 寻找工作中的合力来减少角色期望的多样性

辅导员是高等学校教师与管理队伍的组成部分,是大学生思想政治教育工作团队中的一员,辅导员需要和职能部门配合、和其他辅导员配合、和专业课老师配合,共同做好大学生思想政治教育与管理工作。同时,面对烦琐细致的日常事务性工作,辅导员可以通过建立学生干部团队或兼职辅导员团队来分担部分工作,在培养学生干部的同时释放自己的精力,分配到其他更为重要的角色实践上。如学生的思想政治教育与引导、班级管理的顶层设计、特殊学生的关注等工作。

2. 加强业务学习和理论研究来提高角色领悟的充分性

辅导员在工作过程中,将会面临来自国家、社会、学校、家长和学生等多种期望。国家和社会期望辅导员将大学生培养为国家发展所需要的青年人才;学校期望辅导员配合学校各个部门完成大学生的育人工作;家长期望辅导员能够监督孩子圆满完成学业,锻炼自身能力,为未来就业、升学打下基础;学生期望辅导员能够关心自己的个性发展,为他们提供学习生活等各个方面的实际帮助。要实现以上的多方期望,需要辅导员明确自身职业界限,并熟知职业理论、法规和知识,充分认可自身的九个角色,这是辅导员能否实现角色期望的前提与起点。

辅导员可以抓住国家在辅导员系统中的培养机会,如参加全国高校辅导员示范培训班,申报辅导员骨干专项课题和精品项目,参加辅导员工作创新论坛,在职攻读思想政治教育专业博士学位,等等。这些业务学习能够在不同程度上加强辅导员对自我角色的认识和认同,让其更为深刻地认识自我角色,为角色实践做好铺垫。

辅导员同时要提高"理论和实践研究者"的角色领悟程度,坚持工作中的科学研究。结合自身爱好提升职业能力,依据《高等学校辅导员职业能力标准(暂行)》中的九大职业能力,深入研究一到两个方面,如思想理论教育和价值引领、校园危机事件应对、心理健康教育与咨询,开展结合实践的学术研究,申报各级课题,发表学术论文,提升理论水平与科学研究能力。

3. 总结事务性工作的规律来减轻角色实践的繁重性

总结事务性工作的规律，减少重复的事务性工作带来的精力磨损。整日处理烦琐无章的日常事务性工作，是大家对辅导员工作状态的普遍认知。而看似烦琐无章的工作，其实也有其固有的规律和章法，辅导员只需在工作中稍加留意和总结，就能事半功倍，减轻自身角色实践的繁重性。

4. 提高角色期望、角色领悟、角色实践的内在一致性

辅导员面临着角色期望的多样性、角色领悟的不充分性和角色实践的繁重性等角色建构的困境，社会学角色理论认为，角色期望将决定角色领悟，角色领悟的程度又决定角色实践的情况。但是由于辅导员个体的差异和其工作环境的差异，三者难以完全保持一致而呈现出理想状态。此时辅导员需要在组织的支持下，通过各种策略合理地减少角色期望的多样性，提高角色领悟的充分性，保持角色领悟与角色期望的一致性；减轻角色实践的繁重性，保持角色实践与角色领悟的一致性，从而呈现出理想的工作状态。辅导员要抓住新时代的新机遇，努力让个体蜕变为既懂思想政治理论、又懂工作实操业务；既能开展常规教育管理工作，又能应急处理各类危机事件；既能埋头事务性工作，又能提笔进行理论研究的新时代高校辅导员。在新时代高校辅导员角色建构的过程中，面临着角色期望的多样性、角色领悟的不充分性和角色实践的繁重性等困境，辅导员个体需要寻找工作中的合力来减少角色期望的多样性；加强业务学习和理论研究来提高角色领悟的充分性；总结事务性工作的规律来减轻角色实践的繁重性；提高角色期望、角色领悟、角色实践的内在一致性，抓住机遇建构个体角色；等等这些策略赋予了角色更丰富的内涵。组织可以通过配置班主任和辅导员助理来减少辅导员角色期望的多样性；推动思想政治教育学科建设，加强辅导员专门人才的培养力度；建立职业准入制度，把好辅导员的入口关；实现辅导员工作注册制，把好辅导员工作的过程关；完善各级培训制度，加强辅导员的培训力度来提高辅导员角色领悟的充分性；通过划清辅导员工作界限，营造同向同行的育人环境来减轻角色实践的繁重性；通过构建辅导员团队，打通辅导员"多线"晋升通道来促进新时代高校辅导员有效建构自我角色。

第五章　高校课程思政建设的保障机制与实施路径

本章主要介绍了高校课程思政建设的要点及保障机制,并从思想理念、课程体系、教师队伍、学生主体、制度建设、外部环境等方面对高校课程思政建设的实施路径进行了详细分析。

第一节　高校课程思政的建设要点

一、牢牢把握课程思政建设的基础

课程思政建设的基础在课程。没有好的课程建设,课程思政功能就成为"无源之水、无本之木"。为此,尊重课程建设规律,强化课程建设管理是课程思政建设的根本基础。

课程思政建设的重点在思政。没有好的思政教育功能,课程教学就会失去灵魂,迷失方向,从而导致课程教学中知识传授、能力培养与价值引领之间的割裂甚至冲突。

课程思政建设的关键在教师。教师是教书育人实施的主体,也是课堂教学的第一责任人,同时教帅个人的思想品德、学识、气质、素质都潜移默化、无处不在地感染和熏陶大学生的思想和行为。

课程思政建设的重心在院系。课程思政教育教学改革,不局限于某些个别专业点,既要求老师要及时转变教育观念,也要求老师要不断优化教学内容、创新教学方法。因此,这给高校教育教学改革布局、教学活动组织带来了新的问题和新的挑战。高校需要建立起上下贯通、多元参与的运行机制，特别是在院为实体的制度改革下，院系要发挥积极性和主动性，建设一批有思政特色的专业课。

课程思政建设的成效在学生。学校一切的教育教学活动的根本目的在于培养出更高质量的人才。因此，课程思政改革的效果如何，最终必须以学生的成长、成才为检验标准。

二、应打破课程、学段和教学模式的三重壁垒

课程思政既是贯穿大、中、小学一体化的教育理念，又是在所有课程中都要贯彻执行的教育理念，各门课程、各个学段的教育都要做到因地制宜。邱伟光在《课程思政的价值意蕴与生成路径》一文中认为，高校教育是分专业展开的，课程思政的推行过程中不仅要重视思想政治理论课对其他学科课程的引领作用，也要重视思想政治理论课与各学科专业教育中潜移默化的育人效应形成合力；这意味着，课程思政体系需要打破各学科之间，尤其是人文学科和科学学科之间的壁垒，实现各学科知识与人、与生活的多向交流关系；同时他提出课程思政的内容聚焦应做到因地制宜，如在应用型高校突出敬业精神、研究型高校突出创新意识等，并能够结合校风、校训革命历史，让课程思政符合教书育人的客观规律，具有亲和力、感染力。卢诚在《高校思政新课程实践性教学改革的几点思考》一文中提出，为适应不同阶段学生的特点，任课教师要不断探索新的教学方法和手段。课堂讲授和理论灌输，依然是中学和高校思想政治理论课教学必不可少的教学方法，但高校思想政治理论课教师也应从大学生年龄、专业特点，以及充分发挥学生主体作用入手，坚持以教师为主导、学生为主体，倡导专题式教学、任务驱动式教学、互动式教学，重视锻炼学生理论联系实际的能力，鼓励学生参加社会实践，培养学生独立完成任务的能力，培养团队的创新精神和合作意识。

三、避免思想政治理论课的通识化

从课程体系来看，高等教育课程主要可分为思想政治理论课、综合素养课和专业课，三者间既有不同的教育任务分工，又相互联系、相互支

撑。（在这个问题上，不少学者常将综合素养课与通识教育课通用。）石书臣在《高校思政理论课与通识教育课程的关系探讨》一文中认为，高校通识教育与思想政治教育的根本教育目的，均是促进大学生的全面发展，二者均不是以"致用"为导向的教授专业知识与一技之长的课程。但二者也各有所侧重，通识教育课程侧重文化素质教育、淡化意识形态教育；而思想政治教育则侧重德育教育、具有鲜明的政治立场和教学制度安排。因此，在课程思政改革中应避免思想政治理论课的通识化。思想政治理论课的教育应当围绕课程教学大纲、紧贴教育实际与育人目标的需要展开。同时，高校思想政治理论课应当做到与通识教育功能互补，共同培养健全公民的完整人格，以塑造大学生的全面素质。高校思想政治教育也可以借鉴通识教育灵活多样的教学方法，如经典阅读与案例分析相结合，在发挥教师主导作用与学生自我学习的合力效应的同时，坚持正确的价值导向，确保通识教育课程的健康发展。

四、因校制宜，课程思政理念实施要区分重点

每门课有每门课的特点，不同类型的院校也有不同的特色，贯彻落实课程思政理念应该要有所区分，明确重点。李静在《理工院校实施课程思政教学改革的几点思考》一文中提出，专业课、思想政治理论课从来不曾割裂，每一门课在传授专业知识的同时，都应该传递价值，不仅要帮助学生"专业上成才"，更要促进"思想上成人"[①]。对于不同专业领域、应该有不同的载体和重点，如理工课程更注重技术的掌握和应用，所学的知识也是为了技术的研究和开展。理工科教师在理工课程中发挥思政教育作用，不是要改变专业课的本来属性，不是每门课都要体系化、系统化地进行德育教育活动，也不是每堂课都要机械、教条地安排思政教育内容，而是应该坚持学科专业的性质不变、本位不变，充分发掘专业课德育功能，鼓励团队专业教师开设学科通识课程，通过打通专业课、基础课、通识课之间的壁垒，让学生发现专业科学的真、善、美。张晓荒在《构建适应工学结合人才培养模式的思政课程新体系》一文中认为，在工科院校，思政

---

① 李静.理工学院实施"课程思政"教学改革的几点思考［J］.才智，2019（03）：29-30.

课程作为公共课程不受重视，存在思想政治教育与学生职业发展脱节、学生价值观塑造途径不畅的问题①。适合工学人才培养模式的课程思政体系应当能够结合我国改革开放浪潮中，行业发展的特点与学生专业所需的操守与规范。具体而言，首先应该着力塑造工科学生的家国情怀，令其意识到社会主义现代化整体建设，与其所在行业发展的相互作用；其次应该结合行业道德操守与职业精神开展课程思政教育。

第二节 高校课程思政建设的保障机制

一、组织保障机制

实现课程思政育人体系建设，组织保障是关键。组织保障机制是指通过完善高校管理系统的领导体制，并建立健全组织运作方式，使大学生思想政治教育工作能够在党委的统一领导下，充分调动学校各部门的积极性，有效建设覆盖全校的党政同责、权责分明的工作模式与格局。

确保教育现代化目标任务的实现，就要加强党对教育工作的全面领导，强调党领导与支持对教育事业发展的重要性。有效建设课程思政育人体系，形成思政课与专业课的协同效应。首先，要加强高校党委的领导，把思想政治工作放在总体工作中的首要位置，形成以党委领导为中心、其他各部门齐头并进的工作格局。此外，各层级的党委领导要主动、积极地走进高校、走进学生课堂、走上教师讲台，亲近学生学习生活，为他们做报告。加强与教师的交流，了解学校教师工作、学生学习的大概情况，并以此为依据更准确地对学校发展作进一步展望。近年来，随着国家对高等教育越来越重视，以及我国教育事业的快速发展，党政领导走上讲台逐渐成为新常态，这对高校有效建设课程思政，实现"三全育人"体系具有一定的推动作用。其次，有效实现课程思政的立体化育人格局构建，我们还需要贯彻与落实党委主体责任制，需要加强他们的政治与思想领导，以能

---

① 张晓荒. 构建适应工学结合人才培养模式的思政课程新体系 [J]. 经济与社会发展，2008 (10)：149-152.

够在课程思政育人体系建设过程中起到保驾护航的作用。上海高校关于课程思政实践的成功经验，离不开教育部党委的领导与支持，也离不开各高校党委的思想政治工作。构建课程思政体系，实际上就是高校思想政治工作主体责任制的直接体现。例如，上海中医药大学在该校党委的领导下，集中力量推进全校的课程思政建设工作。2015年该校10门专业课程被立项为课程思政试点；2016年，试点课程已增至23门。该校持续探索课程思政进一步建设的发展路径，目前院、校两级开展的专业课试点已达五十多门。思政教育的全面贯彻与落实，离不开领导在思想上的重视与在实践上的支持，有了党委的领导与支持，才能落实立德树人根本要求，实现"三全育人"。

加强课程思政建设的组织保障机制，还需要政府财政的支持。在中共中央、国务院印发的《中国教育现代化2035》文件中，明确提出要完善教育现代化投入支撑体制，强调经费投入在教育发展过程中的重要性。经济基础决定上层建筑，如果没有一定的物质保障和依托，建设课程思政格局就成了一句空话。建设课程思政育人格局，党委领导是关键，物质保障是基础。有了充分的物质保障，各高校才能享有更多的教育资源、教育设备，才能拥有充沛的精力，无后顾之忧地开展及实践课程思想政治教育，探索出一系列有思想政治教育、有社会主义核心价值观教育融入的专业课教学，打造出一批具有"思政味"的专业课。在课程思政格局建设过程中有了充沛的资金支持，才能使高校党政工作人员、教辅工作人员安心工作，教学热情不断提高；同时，从一定角度来说也能保证教学团队的稳定性，使高校的大学生思想政治教育能够有序、有效地进行。同时，课题项目的开展与推进，也需要有充足的财政经费支持，来保证工作的进度与效率。高等教育教学的实施、课程提出的改革与建构也是如此。

上海各高校牵头建设课程思政育人格局，探索将思想政治教育、社会主义核心价值观教育有效融入专业课教学中的路径，探索有效实现"三全育人"格局的路径，力争实现把培育和践行社会主义核心价值观内容，有机融入整个教育系统，将其充分体现在学校日常管理之中，并做到落小、落细、落实。这些实践与探索得以顺利地开展与施行，都离不开国家相关部门的领导与组织、离不开国家政策与资金的支持。

二、制度保障机制

加强制度保障机制建设，为课程思政育人格局建设提供了政策制度保障。没有规矩，不成方圆。为了更有效地建设课程思政格局、应对社会带来的各种挑战，我们必须要强化制度保障，依靠制度的规范性、稳定性和制约性等特点，推动课程思想政治教育工作有效地开展，使得其建设工作有章可循、有据可依，加强课程思政工作的操作性。

强化高校的制度保障机制，需要从法制法规的保障、管理制度的保障两方面展开。第一，法制法规的保障。中央早已就高校思想政治教育工作的地位、作用、任务、原则、方针等做出了相关规定，保证其在高校总体工作中的权威性和相对稳定性。但在实际工作中仍需要有相关法制、法规的设立，来保证教师、学生及其他部门工作者的共同遵循。高校课程思政教育教学理念的提出，是对以往教学理念的革新，也是对以往教育理念的继承与发展，但它提出的时间尚短。要有效建设课程思政立德树人、"三全育人"目标，促进学生全面发展，也需要法制法规的保障，才能使课程思政工作更有效地稳步推进。第二，管理制度的保障。无论是国家政治经济、科学技术的发展，还是高校教育事业的发展，都离不开管理制度的保障，抓好管理是有效实现社会发展必不可少的环节。国家事务的管理需要科学化、制度化，高校教育工作的管理也要朝着科学化、制度化的方向发展。课程思政教育理念是在新时代的社会大背景下提出的新理念，它的目标是引导高等教育坚持立德树人的根本要求、回归以人为本的教育本质，实现全员、全过程、全方位育人体系，实现以文化人、以文育人的内涵式发展。

从国家层面来说，在习近平总书记关于教育的系列重要讲话中，多次强调了高等教育的重要性，也多次指出建立健全教育监管体系的重要性。要加强课程思政的制度保障机制建设，对于学校来说，管理制度决定着学校未来的发展方向、发展质量及发展高度。

三、队伍保障机制

建构课程思政的保障机制，队伍保障是重点。教育工作是塑造灵魂、塑造生命、塑造新人的伟大事业，教师队伍则是立教之本、兴教之源。

因此，建设一支宏大的专业化教师队伍，打造一批高素质的教师团队，不仅是我们实现教育现代化建设的关键，也是我们实现课程思政育人格局目标的关键。完善高校教师队伍保障机制，要做到以下三点。首先，在队伍选拔上，高校要严格坚守公开招聘、公平竞争、择优录取的招聘原则，为高校教育事业发展储备优秀人才与教育力量。同时，在学校已有的教师队伍中，还应不断优化教师队伍结构，充分结合老教师丰富的教学经验、中年教师的游刃有余、青年教师的充沛精力，逐渐形成一批"老、中、青"相结合的教师队伍结构，从而提高教学质量。

其次，充分做好教师的上岗前教育及在岗教育培训。教育培训，一方面要依托学校，学校可开展校内培训、专家报告、教师联谊会或调派外出学习等活动，组织不同层级的教师积极参与学习，通过各种培训形式加强教师对素质教育本质的认识，提升教师自身的修养。另一方面要依托于教师的自我教育。育人先育己，方可为人师。教师要有效对学生实施素质教育，实现学生的全面发展，在教学工作中要不断提高自身的学科素养与职业素质，才能在教学过程中赢得学生的关注、激发学生的学习兴趣，不断提高教学质量与教学效果。

最后，要加强师德师风建设。师德师风建设，是落实立德树人根本任务的核心，是确保社会主义办学方向的关键。师德师风建设不仅是学校、学院党建思想政治工作的重要内容，也是坚持党管人才的重要组成部分。加强师德师风建设，一要健全师德规范，明确师德遵循；二要选树优秀典型，发挥教师的示范作用。高校应不断挖掘、选树与宣传优秀师德典型，弘扬名师为人、为学、为师的风范。在很多高校的网页上，常常能看到各学院优秀教师的介绍宣传、学术成果展示或先进事迹宣传，目的就是为了弘扬学校的师德师风，为学校师生做榜样示范。定期组织校内名师与青年教师交流会，通过名师分享教书育人经验或经历感悟，引导青年教师加强师德修养、提高育人能力。注重加强优秀师德典型的宣传工作，通过举办讲座、座谈会等形式，结合具体的、生动的案例介绍，讲好师德故事，发挥教师的示范带动作用。

四、评价导向机制

评估本身并不是目的，它只是一种管理服务的手段。完善高校教育的评价导向机制，在加强学校教育、提高教学效果与质量方面发挥着重要作用。有效建设课程思政格局，评价导向机制是不可或缺的保障条件之一。改革评价导向机制，就是要将以往的唯论文、唯科研成果的考核标准，调整为以立德树人成效作为对学校教育工作检验的根本标准。评价导向机制不仅是教学实施、教学实效的重要保证，是保证思想政治教育内容、社会主义核心价值观内容与专业学科教育内容相交融的必要条件，也是坚持立德树人根本要求、实现课程思政教育目标的必要条件。

改革高校评价导向机制，要求高校合理地将学校领导的育人职责、学科教师包括专业课教师的育人职责、教育客体等方面纳入考评元素，各级、各类高校要根据自身实际情况建立符合、适合学校自身发展的评价机制。总的来说，各高校要全面围绕考评的方法、形式、内容及指标四个方面整体进行考核机制改革。在考评方法方面，坚持相对评价与绝对评价相结合、定性评价与定量评价等多种考评方法并进；在考评形式方面，积极运用日常考核与定期考核相结合、注重自我评价和他人评价相结合等考评形式；在考评内容方面，增加专业课教师在育人职责与育人实效方面的评价，增加对专业教师是否在具体教学过程中渗透育人意识、是否融入思想政治教育内容和价值观内容作为考评内容；在考评指标方面，采用多量化的评价指标，以师生互评、教师互评、专家评定各占一定比例，以学科知识与思想、价值观教育共同作为考评指标。只有将专业课中对学生的思想教育、价值观教育的渗透成效作为对教师考核的标准之一，才能在实现"三全育人"目标的过程中不断创新教学手段与教学方法，才能真正做到坚守课程思政的立德树人要求、真正促进学生的全面发展；只有扭转不科学的教育评价导向，才能激发教育事业发展的生机和活力，提升教育服务经济社会发展的能力，提高我国教育的世界影响力。

五、激励与约束机制

当今是世界政治多极化、经济全球化的时代，是资源共享的时代，这既是我们社会发展的一大机遇，也是我们发展路上的一大挑战。我们需要在高校内部建立与完善激励与约束机制，推动有效实现思想政治教育内容与社会主义核心价值观内容，融入各专业学科教育中，推进全员育人、全过程育人、全方位育人的步伐，以更快更有效地建设课程思政育人格局。

在实际工作中，思想政治工作既面临任务重、范围广、队伍力量不足等问题，又面对社会及各领域认为其不重要、没有用的质疑，加上当前复杂的社会环境下对应用型人才需求的不断增加，使得大多数专业课教师不愿"占用"课堂时间，来对学生进行德育教育和价值观教育。要解决这一问题，仅仅依靠学校的考评机制是不够的。要有效提高思想政治教育工作的实效性，实现知识传授与价值引领有机结合，还需要进一步建立、完善激励机制与约束机制。建立与完善激励机制，需要精神激励与物质激励相结合。邓小平曾说过："我们实行以精神鼓励为主、物质鼓励为辅的方针，颁发奖牌、奖状是精神鼓励，是一种政治上的荣誉。这是必要的。但物质鼓励也不能缺少。"所以，我们在对教师提出教学要求的同时，也要有相应的成效奖励。可以是晋升奖励、进修奖励、荣誉奖励等形式的精神奖励；也可以是工资、奖金、福利等形式的物质奖励。总之，要做到"事业留人、待遇留人及感情留人"，营造人才建设的"雪球效应"，才能凝聚最优秀的人才来共同打造大学品牌和增强综合竞争优势。同时，也要建立与完善在学生方面的激励机制，要"综合应用笔试、口试、非标准答案考试等多种形式，全面考核学生对知识的掌握和运用，以考辅教、以考促学，激励学生主动学习、刻苦学习"，而不是让学生为了考试而学习、学了高分而学习。

课程思政提出时间相对较短，其在具体实践的过程中，不仅要面临专业课教师理念不深入、育人职责认识不清晰、思政素养与思政能力不足等问题，还面临着体系建设不够完善的问题。因此，有效建设课程思政育人格局，还需要建立与激励机制相对应的约束机制，以督促专业学科教师履行育人职责。建立约束机制，要从扩大其约束类型着手，既要从学校层面加强制度规范约束、严格合同约束、强调校园精神文化的约束、增加压力约束等；又要从教师层面加强道德约束、强调自我约束等。当然，建立约束机制，应"因材施教"，学校要结合自身发展情况制订不同的约束机制。此外，高校还应加强决策系统的约束、执行系统的约束和监督、检查系统的约束等约束机制。完善约束机制，可以使整个激励机制与约束机制更加系统、更加科学。

第三节　高校课程思政建设的实施路径

一、强化思想引领，加强理念学习

（一）加强习近平新时代中国特色社会主义思想引领

无论是马克思主义基本理论、中国特色社会主义理论，还是习近平新时代中国特色社会主义思想，都是开展高校课程思政建设的理论源泉。在今后继续推进高校课程思政建设的过程中，必须要不断坚持其对相关工作的引领效应，即结合上述理论指导高校课程思政建设这一实践活动。具体可以从如下三个方面进行。

第一，加强相关理论的全面学习。上述相关理论都是完整且严谨的理论体系，是高校思想政治教育的理论基础，充分反映了客观世界、人类社会的本质和规律。各高校党委、各学院管理层、各党组织都应该加强相关理论的全面学习，提升自己在认识事物、揭示事物的本质和规律方面的理论水平，用于指导高校课程思政建设的实践活动。

第二，加强研究探讨交流学习。学习研究不能孤立进行，否则对于指导实践会引致不利的结果。各地区、各高校在加强上述相关理论学习的同时，应该加强研究探讨和交流学习的机会。各个学习者通过研讨会、交流会等形式，加强对于高校课程思政建设的不同理解和分析，特别是在实践中存在问题、存在问题的原因、实践路径的交流学习。

第三，推进理论创新，增强理论自信。理论创新一直是马克思主义基本理论、中国特色社会主义理论、习近平新时代中国特色会主义思想永葆青春的重要保证，随着时代的前进和形势的变化，指导实践的理论与实践的协同性会出现一定程度的差异，这便要求我们理论工作者应该顺势而为，持续推动理论创新，以此不断指导高校课程思政建设。在推进理论创新的同时，还要增强所有参与者的理论自信，对于我们自身课程思政建设中涉及的理论、道路、制度、文化等各方面都应有坚定的信仰和信念。

（二）强化高校课程思政教育理念的学习强度

高校课程思政建设对于高校课程思政建教育理念的学习力度还不够强，本文尝试建议，对于后续的课程思政建设，要强化高校课程思政教育理念的学习强度，主要建议从学习次数、学习内容、学习方式三方面进行强化。

第一，从学习次数来看，高校课程思政建设领导小组应该在建设方案中明确学习频数，在选定合理的学习团队之后，统筹思政专业管理人员、一线教师人的员工作时间，增加学习次数，使高校课程思政教育理念深入人心，筑牢课程思政教育信念。

第二，从学习内容来看，高校课程思政建设的学习内容，不应该仅仅局限于2016年全国高校思想政治工作提及内容，应该根据政治、经济、社会形势的变化增加时事内容，采用通俗易懂的课件让基层的课程思政建设的参与者进行学习。

第三，从学习方式来看，既有的高校课程思政建设多以大会集中学习的方式进行，鲜有少数人集体学习的方式。前者权威性更足，但针对性并不强，因为高校课程思政建设涉及专业较多，不同专业针对课程思政建设的难点、痛点都存在差异。而以专业、以党组织为单元开展的少数人集体学习学习的方式则针对性更强，且学习深度更足。另外，对于学习的具体落实，还可以通过互联网线上学习的方式进行，更加灵活便捷。

二、优化课程体系

围绕"思政课程"这个中心，将专业课、基础课、选修课或文化课等纳入覆盖范围。邱伟光也从学科精神培育差异性维度指出，文科教学要注重最大限度地实现人文精神的熏陶,理科要强调科学精神,工科要致力于倡导工匠精神。余江涛等人从理工科的维度提供了实践课程思政教学的建议:基于自然认知的普遍性上,教学重"术"的掌握和运用,启发了科学思维,以专业理论渗透作为价值依托,寻求为民服务的落脚点和归宿。要培养具体课程的微观视角,有的教师就某一门具体课程教学之维度,提出了相应的实施方案。虽然这一视域下的探索看似比较繁杂,但是其核心还是在于如何在所教的这门课程中,充分挖掘蕴含其中的思想政治教育资源。高校作为新时代人才培养的主要场所,担负着加强学生思政建设、提高学生思想道德理论修养的重任。高校将对学生的思政教育融入各个专业课程的教育教学改革中,并对学生进行不间断的社会价值引导与专业知识传授,从而在润物无声中创造性地实现立德树人的根本目标,为培养新时期的社会主义建设者和接班人创造重要条件。

（一）课程思政内容的开发与融合

课程思政教学内容与资源如何,决定着课程思政教学的质量与成效。依托专业课程这一重要载体,创设符合学生特点和专业课特色的课程思政教学内容。课程思政内容的开发与融合,应以尊重专业课程自身教学规律为前提,促使思政元素与专业课程有机结合。第一,必须充分尊重各类课程的教学规律。各类课程的教学体系都是经过长期的理论和实践考验形成的,具有不同的本质、特点和教学方法。尊重课程的专业教学规律和教学体系,切忌将思政元素简单随意地添加到专业课程教学中,而是应该在保障专业课程知识体系的完整性的基础上,根据专业课程的突出特点,巧妙地渗透进思政元素。思想政治教育资源存量较多的课程,如哲学,有鲜明的思想政治教育功能也有鲜明的政治性,无论是教材编写还是日常教学都内含着一定的价值选择。因此,需要将学科理论与国情相结合,建设具有中国特色的哲学社会科学课程,坚持发展创新,充分发挥哲学社会科学课程与思政课程协同效应。另外,对于一些思想政治教育资源存量相对较少的课程,切忌无中生有,生搬硬套,违背课程思政初心,造成学生反感。第二,深入挖掘课程的思政元素。不同课程中蕴含的思政元素是不尽相同的,开发教材时融入价值观塑造的内容,这部分是比较容易发现和运用的思政元素;还有另外一部分思政元素,是隐藏在专业课程教学过程中的,需要认真细致地挖掘并进行提炼和加工,这部分思政教育资源的开发与融合难度较大。在对课程思政元素的不断探索中,需要立足各类学科的优势和课程特点,系统规划各个院系不同学科的思政教育资源的融入,紧密结合各自的特点和优势,激发专业课教师的积极性、主动性和创造力,合理开发和利用隐形思政资源,推进育人目标的实现。举个例子,近期在央视综合频道播出的《美术经典中的党史》,通过展示中国共产党成立以来不同历史时期的美术作品,展现了中国共产党成立100年来的辉煌历程,用一幅幅作品绘制了伟大的时代画卷,用艺术之美展现了历史细节。高校可以将这一系列作品融入美术专业课教学中,挖掘这一系列美术作品背后的党史故事,使学生在进行专业学习的同时可以"以史鉴今",从学习党史中汲取成长营养,坚定理想信念,明确新时代青年的责任与担当,进一步掌握科学方法,传承中国精神,用美术作品激励学生将美好的青春献给伟大的民族复兴大业。

思政课"配方"的改进主要是从整合思政课内容方面入手。"盐"加得适度,"汤"才会有滋有味。首先,要有更加科学的教材。教材承担着党中央最新理论和青年学生之间的桥梁的作用。可以说,在学生对国家最新理论、路线、方针、政策的领悟中,教材起了很大的作用。其次,还要完成思政课内容的"衔接"工作。传统专业课教学内容简单、教学方法单一。而如今的课程思政则要求教师不仅要有丰富的专业知识,还要有育人功能,在教育教学过程中将专业知识与思政内容结合、知识传授与价值引领结合,构建高校思想政治教育课程体系。

在课程思政的内容体系开发方面,可以从这几方面进行。①由深入挖掘上行至深入梳理,形成专业课程的思想政治教育知识图谱,自下而上地总结提炼,遵循了归纳的逻辑,而这种科学的归纳,也为后续更为顺畅的演绎奠定了基础。第一,深入挖掘,充分呈现专业课程中思政内容,形成课程的思想政治教育体系"毛坯"。显然,专业课教师应该在马克思主义理论学科专家的帮助下,通过合作深入分析和发现各知识点的思想政治教育"矿藏",实现模块化初步梳理。第二,梳理形成各门具体课程的思想政治教育知识体系。依据思政课程的知识体系逻辑,通过初步梳理,形成较为粗放的具体课程的思想政治教育内容体系。值得注意的是,在梳理过程中,不应作"取舍",应对课程群进行系统协调。第三,进一步深入梳理，形成专业的思想政治教育知识体系和图谱。深入梳理包含两层意思：对各门课程包含的思想政治教育知识体系进行分析，形成课程思政知识的框架；对各门具体课程进行分析，确立思想政治教育教学重点。梳理过程中，必须处理好几个问题：对各门课程所呈现的带有生硬嵌入色彩的，或牵强附会的思想政治教育知识点，应该删除；在不同课程之间重复的主题，应该确定思想政治教育教学的层次、维度、侧重点，以促进课程之间的协调、协同。②由专业的课程思政知识图谱下行。在这一过程中解决好以下几个问题：第一，对经深入挖掘而形成的思想政治教育知识点"毛坯"，进行二次开发。结合专业课程的思想政治教育知识图谱，做好两项工作：深化和细致化。就深化而言，要确定具体的思想政治教育知识点的具体位置，对其所对应的教学目标，进行再次挖掘；就细致化而言，需要对思想政治教育知识点结合教学目标确定，进行具体的教学层次、维度、侧重点划分，建立思想政治教育知识点之间的关联，形成育人主线。第二，形成专业课程的思想政治教育知识点的内在体系。第三，形成专业课程的思想政治教育知识点布局。依据学科专业课程的思想政治教育知识图谱，根据课程进度、教学计划，基于思想政治教育知识点的内在逻辑，形成课程特色的知识图谱，为后续设计教案提供支持。③单次课的思想政治教育内容开发与呈现：有机融入与二次开发具体到单次课的教学，必须解决具体的思想政治教育教学内容的开发问题。按照课程思政的思想政治教育知识的形成逻辑，单次课的思想政治教育教学内容开发，应基于二次深入挖掘、深入梳理和有机融入三法则进行。二次挖掘需要结合对学情、教学背景的综合把握，对初次挖掘的"毛坯"进行精雕细琢，既有取舍又有延伸。取舍是为了"聚焦"，而延伸主要是从其在教学中对学生的知识、能力、情感、态度、价值观这些方面进行立体开发。第二，基于思想政治教育逻辑的"回填"，实现有机融入。值得注意的是，"毛坯"的挖掘是基于专业课程知识点的，也就是说这种思想政治教育元素是长在课程知识点上的，一旦全面剥离出来，必然影响教学效果，如果原样"回填"，又可能无法实现思想政治教育功能。因而，这种"回填"实际上是一种基于前述思想政治教育知识点"精雕细琢"的科学融入，才能在教学过程中进行价值观教育。第三，基于科学的梳理、布局，将思想政治教育知识点呈现于教案中，为后续教学、评价等提供支持。

（二）课程思政教学方法的选择和运用

选择与运用科学、有效的教学方法是取得课程思政育人效果的重要途径。鉴于专业课程思政资源的潜隐性、大学生思想特点的个性化，以及社会环境的复杂性，传统的教学方法和手段不能很好地完成教学任务，必须使专业知识和价值理念的培养贴近学生的学习生活，并将其贯穿课程思政建设全过程，以此激发学生增加兴趣点，催发学生促成良好的接受效果，提升学生的思想政治素质和能力。创新课程思政教学的方法手段，一方面可以采用情景教学、案例分析、辩论、分组学习、课堂讨论等教学方法，培养学生全面辩证的思维、集体协作的观念、主动参与的热情，在这个过程中，巧妙地融入思政元素，引领学生建立良好的行为习惯。比如，在食品类相关专业课程中，可以紧密结合近来全国多所高校在校园里举行的光盘行动，提升学生的勤俭节约意识。在新时代的今天依旧要积极倡导并践行勤俭节约的良好风尚，这也是大学生应该秉持的良好习惯。"光盘行动"的进行可以采取多种形式，如采用情景教学的方法，利用多媒体平台，对全球遭遇饥荒时的视频资料进行展示，使学生仿佛置身其间，给学生强烈的视觉震撼，直抵内心，告诉珍惜眼前的幸福，每一粒粮食都是经过多道工序和很多人的辛苦付出，才最终呈现在我们面前的，都是值得尊重的，帮助学生形成正确的思想意识。还可通过选取极具代表性和贴近生活的案例，分析探讨其中的专业知识和思政元素，让学生积极思考，利用已有的知识尝试表达出自己的看法，教师在这一过程中加强引导，循循善诱，使党和国家的要求深入学生的心中。

此外，我们现在正处于信息大爆炸的网络时代，应充分运用现代信息技术手段，可以通过采用 VR（虚拟现实）增强自身体验，加深情感认识。可以不断丰富教学形式与教学内容，打破线下教育的局限，发挥线上教学的优势，并采用多种教学形式进行线上平台教学，营造线上和线下共同作用的教学方法，让学生对课程有更深的认识。通过让慕课走进课堂，"淘汰水课""打造金课"，充分发挥精品慕课的积极作用。传统思政课堂基于思政课的公共课特性和课程本身的政治理论的严肃性，在教学环节中通常是以教师为核心，并主导教学的过程，以教师讲授为主，即使不乏一些讨论或者小组活动环节，最终落脚点还是理论的阐述。不仅如此，由于课程本身的严肃性,学生来上思政课也往往表现得很严肃,也许是因为大班教学人数比较多或者对于理论的敬畏,学生参与课堂讨论远不及专业课那么积极。"慕课"依靠技术手段隐去了面对面的"尴尬",采取边看慕课边在旁边通过讨论框或者弹幕参与讨论的方式,可以使学生在上课的过程中有任何想法都可以畅所欲言,在一定程度上实现了以学生为中心。

翻转课堂教学模式打破了传统教学过程中,教学资源应用的单一性弊端,创新教学资源获取形式。翻转课堂的概念可以解释为:教师提前进行新课程课件视频的制作,将知识进行碎片化处理,并上传给学生,让学生进行课前的预习与学习,将产生的问题进行汇总,在课堂教学实践中加以重点讲解,充分利用课上课下的时间,实现线上获取教师专业指导、线下自学的一种先进教学模式。其思想政治教育资源涵盖范围广、种类多,且处在不断拓展中。比如随着红色文化资源的不断整合利用,除网络资源外,各类纪念场馆、教学(纪念)场馆也不断地被扩充到思想政治理论教学资源中,翻转课堂的运用扩展了教育资源的开拓和实践。相对于传统课堂,翻转课堂基于教学资源的自由获取特点,可以让学员自主选择学习内容和方式。选择恰当的学习时间和环境自定学习节奏,获得个性化的学习体验,从而契合了网生一代青年学员思想活跃、个性张扬、爱表现、重参与的心理行为特点。辅之以视频教学的方式传播知识,不仅突破了课堂空间的限制,还帮助师生从教材的束缚中解放出来,帮助学员开阔视野、发散思维。在信息化教学平台上,学生不仅可以获取海量信息,教学资源在质量上也可以得到优化,优质教学资源的平台共享,教学资源的动态更新体现了新时代教学资源的全面性特征。这就将教师从繁重的课堂讲授中解脱出来,有更多的时间专注于备课、教学活动的设计,让教学准备更加充分,教学活动的进行也更加顺利;将学生从陈旧的学习方式中解放出来,也给学生学习带来了便利;师生在课堂活动中的情感交流增多,也促进了学生认知、情感内化等多方面的发展。思政课程本身的理论性和抽象性,使得学生自主学习的难度较大,同时也应考虑到学生学习情况及知识水平、理解水平等因素。因此,不应简单照搬西方的翻转课堂模式,而应把线下课堂教学作为重点环节,辅之以适宜、有效的线上线下混合式教学。在不同的思政课程中宜实行个性化翻转策略:在理论性较强的课程中,由于翻转难度系数最大,教师在课堂上要相对加大理论讲授、答疑解惑的力度,并督促学员进行课前预习与课后复习;而实践性课程对学生而言,自学难度不大,但需要联系自身实际,勤思考多实践。教师应精心策划、布置有一定挑战度的课外学习课题,鼓励学生自我探索,在课堂上增加互动、研讨的时间。还可以利用网络课堂和活动课程,增强学生的综合能力,推动思政教育与专业教育的紧密结合。同时通过利用腾讯会议、超星学习通、微信公众号、微信群和QQ群等提供的便利,使学生在课下也能对所学内容进行消化总结,及时与教师沟通,解决自身困惑,有效避免问题积攒的情况,有效地解决问题,增进对课程思政的理解,培养学生的主动性,同时也拉近了师生之间的关系,增进各主体间的互动交流,充分释放教师的亲和力,促进学生更好地接受思想政治教育。同时,进一步促进三全育人格局的形成。

要创新升级课程思政教学的方法手段。由于课程思政教学的潜隐性,以及人的思想系统的复杂性和社会环境影响的冗杂性,单一的教学方法和单向的教育手段往往受到局限。因此必须采用综合施治、联合使用的教育手段,坚持显隐并存、刚柔相济,形成思想政治教育合力。显性与隐性共存,往往呈现出多样化形态,这也表明课程思政贯穿着思想政治教育隐性化、融合性的设计思路,有其内在的价值属性和政治特性。尽管各类课程的价值涵容度不同,但其育人目标一致。刚性与柔性相济是创新升级课程思政教学手段的总推手,"刚柔相推,变在其中焉。"(《易传·系辞传下》)。刚与柔虽泾渭分明,但并非南辕北辙,实则二者相依相存。情感作为非理性力量,具有其他因素不可比拟的催化和调节作用。课程思政教学采用刚柔相济的综合教育手段,不仅可以激发师生的情感力量,为课堂教学集聚合力;同时可以使课程思政教学张弛有度,在保证专业课程特色的基础上实现价值引领,运用一种更为柔性的教育方法进行价值引领。然而,课程思政必须拿捏好柔性管理和刚性约束融合推进的平衡限度。这就需要课程思政教学在稳步推进与活力彰显之间采取刚柔相推、软硬兼施的综合手段,解决思想政治教育治标不治本的现实难题,从而避免"说教式教学"和"刚性思政"现象的发生,进而释放思政元素的积极效能。如何精准融合思政元素,使专业课也有"思政味",这就需要用精准化思维引领课程思政教学的方法创新,精细化部署和具体化安排,找准课程思政教学的生长点。课程思政教学不仅要有理论阐释的整体性规范,更要注重价值引领的个性化设计。这就要求课程思政要以学生的思想实际和内在需求为立足点，以问题与马克思主义为逻辑主线展开课堂教学。这也是解决课程思政教学供需矛盾，实现教与学供需匹配的核心要义。

教学效果的实现离不开教学主客体的互动，互动是师生彼此沟通传达信息的重要形式，更是加深认识体验，深化情感认知的重要渠道。学生正是在课堂的交往互动中获取了知识，拓展了思维，激发了想象力和创造性思维，与此同时还在无声无息中完成了教学目标。互动对学生的成长发展具有重要意义。

（三）课程思政开展过程中融入课程特色

在推进课程思政改革的过程中，由于不同课程的性质不同，必须按照具体课程分门别类设计完整的课程体系，根据各类课程的本质和突出特点，以及教师的实际教学能力，结合思政元素，确定相应的课程思政的重点和目标。举个例子，在哲学社会科学课程教学中，可以将一些内含的思政元素更加突出，坚定政治方向，给学生树立起积极正向的爱国榜样。对于适用于各类专业课程的家国情怀培养与精神培育，必须紧密结合专业课程教学，避免同质化，否则只会导致学生走马观花，并没有什么深刻印象和实质性的效果。例如可以结合专业中的具体问题，由此拓展到社会责任、家国情怀、民族精神等。理学、工学、农学类课程可以结合中国科学家的先进事迹，解析这些事迹背后的情感精神元素，让学生进入故事情境，深刻领会不同科学领域的工作者，为祖国发展所做的努力及发挥的重要作用，引导学生思维向更深处探寻，进而实现向行动的转换，这也成为课程思政教学的最佳切入点。还可以充分发挥高校选修课的育人功能，例如通过开展影视鉴赏课，分析一部部经典的影视作品，从中汲取丰富的人生经验和道德感想，让影视作品彰显其正面的引导作用。影视作品因其呈现的表演张力和形象化特征，极易在学生心中留下深刻的印象，课程思政开展的过程中可以融入这类材料鲜明的特色，呈现出内含的思政元素，更好地促进学生对各类事物的认识，从不同角度形成尽可能全面的认识。此外，课程内容要针对新的具体要求及时做出调整，及时吸纳新的教育资源融入课程教学，并与时代接轨，及时了解与学生关切内容，不断探索新的内容和表现形式，切实地吸纳新的德育资源，并在教学活动中进一步提升,从而实现有益补充。例如在高校体育课程中,随着运动精神的不断传承和更新,体育课程在关心学生身体素质的同时,要整体分析学生的成长历程。大多数同学都是在高中阶段没有很好地锻炼,所以在步入高校时难免会出现缺乏热情和耐力,怕苦、怕脏、怕累的状况。鉴于此,体育教学应发挥其自身具有较强的娱乐性和趣味性的突出优势,并巧妙地将一些新时代为国争光、奋勇拼搏的运动健将激励人心的故事增添到课堂中,让学生在课程中能够真正地受到熏陶,在强健身体的同时保持愉悦的状态,更好地完成课程所要求的学习任务,促进体育课程思政的推进和改革。

(四) 优化各类课程实施课程思政的方式方法

课程教学是有效实施课程思政的主渠道,但不同课程具有不同特点,其价值理念和教学效果也有所不同。因此,根据不同类型课程挖掘思政元素,能够提高各课程的育人质量。思政课教师在教学过程中可以多使用现代化技术,促使学生参与课堂知识的沟通与交流,把寂静的课堂变为充满思想碰撞的课程。同时,教师也要多挖掘既有教育意义又是学生感兴趣的话题,尤其是当前的社会问题、国际问题,通过激发学生讨论思考问题,引导学生交流互动的方式,来培育其政治素养和道德品质。实践课程主要是通过知行合一的方式,引导学生在实践过程中提升实践创新能力、弘扬艰苦奋斗的精神。

三、加强思政教师队伍建设

高校的思想政治课教师首先自己必须是一位学者。教师不仅要有专业素养,还要有广泛的历史、经济、军事等方面的相关知识,这就需要教师要认真学习教材,仔细研究教材并处理好教材。与此同时,还要不断地更新自己的知识,吸收并了解一些与教材相关的知识。另外,教师也要不停地学习,深造自己,充实自己,从而不断提高自身的教育水平。

现在的社会是一个多元化的社会,人们的价值取向也逐渐变得复杂多样。思想政治文化的相互交织碰撞,直接影响到大学生的价值观、人生观和世界观。如果学生出现了价值观的偏移,或者极度缺乏社会责任感和团结意识等,思想政治教育教师就应该及时地给予学生正确的指导。另外,有一些学生对未来感到迷茫,对自己的专业不够了解,这就需要教师不仅要重视思想政治教育,还要了解学生的专业设置及发展前景等其他与学生相关的知识。

对于教师来说,育人不仅是重要的职责,而且还是历史赋予其的使命。教师是教学的主体,但从学生学习的角度上看教师处于客体的位置。如果想要学生从内心接受教师传授的道德规范,这就需要教师以自己的行为做出榜样,树立典范。在进行教学的时候,假如教师对学生认真负责,工作严谨仔细,在处理事情的时候能够做到公平公正;在生活上,自觉遵守社会公德,拥有良好的道德品格。那么其对学生的影响就是正能量的,反之,则其影响是大打折扣的。所以教师在生活与教学中,一定要做到言语与行为的统一,树立良好的自身形象,成为能够让大学生学习的道德典范。

虽然大多数的大学生已经成年了,但是其心理状态依旧不是十分稳定,就有可能会出现心理问题。现在的大学生正处于生理成熟期和心理发育的过渡阶段,在心理上往往出现很多过渡状态的矛盾性,诸如情感丰富但是波动较大,自我意识不成熟,独立及封闭性、依赖性、拜金主义、享乐主义及极端个人主义等问题,另外,学习负担和就业压力等因素也会造成学生的心理问题。这时,就需要思想政治教育教师来帮助学生,对其心理问题进行疏导并加以解决,扮演学生健康美好心灵的培育者,全面提高学生的综合素质,培养其自身处理问题的能力,从而使学生适应社会的发展和要求。

加强思政教师队伍建设策略有以下几个方面。

(一)提升教师政治水平和理论素养

要用马克思主义的中国化理论来指导整个课程思政教学过程,从而实现有效灌输。在准备进行有效灌输马克思主义理论之前,高校教师最重要的就是要有政治敏锐性,要把握思政教学过程中所灌输的理论的正确性、准确性和方向性。在这一点上,必须讲基本的政治规矩,这就需要教师具备政治智慧。一方面可以通过开展系统培训的方式,根据不同学科、不同专业的教师,开展不同学习程度、不同要求的培训,以便教师更快地提高自身的政治水平,将所教授学科的课程内容结合思政元素,在教学过程中自觉融入马克思主义理论和中国特色社会主义思想。另一方面通过专题讲座的方式，讲解和学习党的最新理论成果，加强教师队伍的理论素养，寻求学科知识和课程思政的切入点，能够润物细无声地引导学生树立正确的政治站位，明辨是非，成为传播知识与传播思想文化相结合的真正教师。校党支部定期开展主题会议、民主生活评议等活动，帮助广大党员教师学习党的最新理论成果，营造良好的政治环境和工作范围，使各教师的政治信仰更加坚定，政治能力进一步得到提高。在课程思政教学中，会涉及一些基本理论的讲解，而这些理论往往是专业课程涉及的重要问题或基本思想政治教育问题，学生应掌握其知识并能结合专业课程进行理解和运用。教师要积极谋求以科学理性地分析帮助学生明晰思想政治教育知识的内涵，同时以科学理论的强大魅力指引学生。

在高校开展课程思政教育中，辅导员是高校学生工作的重要力量。中共中央、国务院在《关于进一步加强和改进大学生思想政治教育》中对辅导员的工作范围进行了明确规定，辅导员要按照党委的部署有针对性地开展思想政治教育，在学生的思想、学习、生活等方面进行指导。可见，辅导员是高校德育的骨干力量，课程思政是辅导员的核心任务，因此，辅导员必须抓好自己的中心任务，促进大学生思想政治教育的发展。首先，必须接受自我教育。作为教育工作者，辅导员应该实现通过科学方法促进学生成长，不仅要规范学生的行为，还要使他们的情感受到熏陶，不断提高其道德水准，使他们成为优秀的学生。辅导员一是要通过引导，使学生的理想信念更加坚定，能深刻认识到共产主义思想的重要性，向着学校预期的方向发展；二是要深入学习专业知识，精通专业技能，增加自己的厚度，这就需要用科学合理的方法对学生进行引导。

很多大学生不自觉地把专业课教师当作自己努力的方向，和最想成为的人，专业教师的身体力行时时刻刻影响着学生。课程思政教学成效依赖教师积极营造的富有感染力的课堂气氛，教师自身高尚的师德师风、独特的人格魅力，以及起表率作用的言行举止。学生在日常与教师的交流中，不自觉地就会想要遵照在教师身上发现的良好的道德品质，而这种意识一旦经过长时间的发展，就会形成习惯，将会在今后的做人、做事上产生十分重大的影响，让其在之后的时光里能够保持好自身的道德认知，在自我成长的同时肩负起社会进步的职责。具有优秀道德品质和行为示范的教师，能够尽力使自己不断学习提高来充实自己，并不断钻研如何能够更好地推进课程思政的教学，明白自己的劣势和不足，从而积极主动地学习好的、新的知识，督促自己与日俱进，不忘自己想要作为一名优秀教育工作者的初心，在教育中提升个人价值。

（二）提高教师课程思政教学能力，创新教学方法

课程思政的建设，主要以课堂教学为依托，这就要求教师提高创新教学方法的能力，针对不同内容、不同问题采用不同形式的教学方法，积极创新满足学生需求、找准课程思政切入点，增强课程思政教学效果。此外，教师应顺应时代发展创新教学方法，要不断学习和运用信息化和现代教育技术进行教学，整合教育资源、编排教学内容、借用新技术激发学生的学习兴趣。

要想提高教师课程思政的教学能力，进行思政课教学方式的革新是关键。思政课应当改变以往理论灌输的教学方式，不能简单地将理论的知识讲解给学生，需要重视对学生政治能力和正确价值观的培养。变学生被动的学习理论知识为主动学习。思政课教师可以将时政事件在课堂上让学生进行讨论，以点带面引出课程内容，让学生自觉树立社会主义核心价值观，促进教师和学生之间的互动，提升学生的学习兴趣。习近平总书记强调要"重视思政课的实践性，把思政小课堂同社会大课堂结合起来"。对于课堂形式的改革，思政课的课堂不仅局限于室内，社会实践、室外教学也是适用的。将课堂学习发展到社会实践，对学生视野的开拓、社会的认知，以及学生价值观的树立都有一定的促进作用。河北科技大学进行思政课社会实践的方式值得推广，学校带领本科学生到西柏坡对学生进行思想政治教育，将思政课堂扩展到红色基地的实践学习中，通过这一形式，让学生对红色文化的理解更加深入，同时对于西柏坡精神有了更加直观的了解，对学生向革命先辈学习，以及提升自身的道德修养发挥重要作用。

（三）加强教师思政培训

高校各级党委要加强对学科任课教师的理论培训，发挥先锋模范党员教师的带头作用，把中国共产党的先锋队性质、全心全意为人民服务的宗旨、执政理念、先进性、纯洁性等优良理论教授给教师，提高他们爱党、

爱国的政治觉悟。高校可以安排思政课专业有名的专家、教授,给学科任课教师开展马克思主义基本理论知识的学术讲座、研修培训活动,让学科任课教师学会用唯物主义历史观、唯物辩证法的观点、立场、方法来正确地观察、分析看待生活中的问题;让学科任课教师坚持马克思主义意识形态的正确领导地位,并认识到马克思主义的指导作用;让学科任课教师知道什么是真正的马克思主义,怎样正确对待马克思主义知识;等等。同时,还要加强高校学科任课教师对马克思主义中国化理论的学习,增强他们的理论自信、道路自信、制度自信和文化自信。高校学科任课教师只有把相关的理论知识学真、学透、学懂,才不会认为思政教育是纸上谈兵的套话和空话。各高校还应组织各学科任课教师参加有关课程思政建设的学习培训和研修活动,让其第一时间把握国家、社会的热点、关注点,并思考这些内容与教学内容的结合,增强自身的观察力,提高自身的思想政治素质,进一步巩固科学的世界观和人生观;通过培训、研修活动使其科研能力得到提升,在集体备课过程中的发言更积极主动,内容更有创新性,教研积极性有明显的提升,教学能力得到增强,为学院的思政教育培养一支有创造力的高素质教师队伍。通过理论培训,可以提高他们的政治素养、教学水平和科研能力,确保高校课程思政方案有效实施,从而增强思政教育的效果。

以课程思政建设为主线,在参加理论学习之后,积极组织受训教师通过实地调研、现场考查、案例分析,提升教育教学能力,对理论学习和实践考查均合格的教师发放结业证书。之后,为各教师建立培训档案,并制订马克思主义学院思政专业教师为联络人,针对之后课程思政建设中有关课程内容的疑问,负责解答和提供咨询。

学校应对广大专业课教师引导和加强关于社会主义高校办学方向、高等教育的目标是培养社会主义建设者和接班人等方面的认知,从而注重知识传授和知识运用方向上的统一。多数高校教师具有国家事业单位编制和干部身份,但既然承担教学任务,那相应的教育职责、政治立场也应充分担当起来并站稳。同样,高校要注意工作环境对教师群体观念的现实影响,既要贯彻落实课程思政教学改革,又要适当地给教师群体繁重的教学科研任务"松绑",做到"有所为有所不为",给足教师群体教书育人的自主思考、自主探索、形成认知的时间和空间。

目前国内各高校对于教师晋升高级职称，一般原则上都要求"连续6个月及以上的国外大学学习、研修经历"。参照这一条，学校应当规定教师晋升高级职称时，党员教师须有至少连续一周时间的本校或省级党校、干部学院的学习培训经历；非党员教师须有至少连续一周时间的本校或省级社会主义学院、干部学院的学习培训经历。只有学校及上级官方机构设立的政治学习培训单位，才是系统化提升政治素养的供给方，具有政治理论解释的科学性、权威性，和学习结论认定的官方性、严肃性。统一培训并不是放弃日常教学工作，对高校日常教学影响不大，因为培训的时间仅一周左右，而且是分批次学习。

对各类任课教师开展课程思政培训，将课程思政纳入到教师长期职业发展培训过程中，可以不断加强各教师的道德情操培养，引导教师在备课上用心、课堂中用力、传授知识时用情。为了增强教师的课程思政培训成果，提高教师参与培训的积极性，高校可采取精神或物质奖励的办法激发教师参与培训的热情。同时，对培训成果进行抽查和考核，并纳入各学科的教师考核和职称评定中，以便在很大程度上保证德育意识的培训效果。

教师在落实课程思政这一教育方式时，除了加强自身立德树人的意识教育之外，还需对课程思政的内容进行掌握，即明确课程思政的定位。韩宪洲讲道，对于教师来讲，尤其是专业课教师，课程思政的讲解内容就是三个方面，即做人做事的基本道理，社会主义核心价值观的要求，实现民族复兴的理想和责任。韩宪洲的观点对课程思政的内容进行了规定。教师在明确"课程思政"内容的基础上，需要进行内容的融入，即将课程思政所要求的内容通过有效的方式，让学生能够进行专业的知识学习与正确价值观的引导。只有将这些方面的知识融入课堂的教学过程中，才能将课程思政教育理念进行落实。

(四) 发挥思想政治理论课教师的引领作用

教师要想育人、育才，前提是自己要有丰厚的理论知识，才能融会贯通地向学生传达正确的价值观，承担起学生健康成长的引路人。作为有较高党性修养和理论深度的思想政治理论课教师，发挥引领作用，增强其他课程教师对思想政治的政治认同和情感认同，成为课程思政教师队伍建设的应然性。各学院党委带领各教师学习党的最新思想和理论知识，通过座谈会、研讨会的方式提高教师的理论素养，强化理想信念；另外，思想政治理论课老师应协助广大教师挖掘课程思政元素。不同学科具有不同的特点和内容，其授课对象也存在一定的区别。怎样准确地把握各学科中的资源，润物细无声地将育人、育才相结合，需要思政课教师的协助。针对教师所教内容、观点及授课方式进行探讨，在教学过程中渗透思政元素的，同时也有助于思政课教师学习各专业课知识，丰富课程内容的深度，实现协同教学。

中央高度重视思政课师资队伍的建设，在05方案中强调，"各高等学校党委要切实负起政治责任，把稳定教师队伍，提高教师素质作为当前加强和改进思政课的一项基础性工作来抓"。根据文件精神，高校党委书记是思政课建设的第一责任人。落实领导责任是提升思政课师资队伍整体素质的关键。责任落实需要监督，上级部门要加大对各高校执行思政课教师队伍建设的相关政策的检查督导，解决师资队伍建设的困境。要重点督查思政课教师待遇不落实、专项经费被挪用和思政课师生比不达标的问题。这些问题的解决，既能保障思政课教师参加社会实践和学术会议的经费，又能保证教师有充足的时间用于教学和科研研究。

（五）鼓励专兼职队伍结合

这里的专兼职结合平台，主要是指两支队伍和人员之间的交叉任职，用兼职力量补充专职队伍，加强各方的合作交流，使队伍结构更加完善，人员素质得到多重提升。

一是辅导员承担部分思政课教学任务。鼓励和选拔一线优秀的辅导员，特别是教学能力优秀并且具有思政专业背景的辅导员，承担一定的思政课教学工作。这样既可以跟学生在理论上有面对面交流的机会，让勤奋学习成为青春飞扬的动力，让增长本领成为青春搏击的能量，提高日常活动的针对性，增强思政课的时效性，也有助于辅导员自身的学习和能力的提高，收到"1+1>2"的现实效果，使辅导员作为思想政治教育者在"实然角色"和"应然角色"上真正达到重叠共识，这也是辅导员角色定位的实质性内核。与此同时，为避免"谁都可以上，谁都可以教"的尴尬局面，也要明确辅导员兼任思政理论课教师的任职标准，实行思政理论课教师准入制度，保证思政队伍的纯洁性。

二是思政课教师兼任日常思想教育工作。鼓励具备条件的思政理论课教师双向兼岗。一则，日常思政教育形式的多样性需要理论支撑，如果过分强调娱乐性就易忽视其思想性和教育性。二则，思政课教学要避免理论化倾向，需适当采用学生乐于接受的方式，提升思政理论教育的吸引力和感染力。三则，思政课教师可以获得与学生进一步交流的机会，获得心理上的自豪感和价值认同感，珍惜韶华、脚踏实地，把远大抱负落实到实际行动中。因此应提倡思政课教师在完成思政课教学的基础上担任班主任、学生导师或兼职辅导员工作，充分发挥其理论优势，增强日常思政教育内容的思想性与教育性。

要提高教师队伍的使命感和阵地意识，确保传道者自身明道和信道，使其自觉担负起学生健康成长的引路人，以德立身、以德施教。同时，将专业教师参与课程思政教学纳入辅导员工作，包括兼职辅导员，规范辅导员队伍管理办法，加强辅导员培训力度，完善辅导员考核制度，从而充分发挥辅导员的积极作用，并严格执行"三个必须"，即教师专业技术职务晋升必须有辅导员或兼职辅导员经历，党政干部提拔必须有辅导员或兼职辅导员经历、学校选留机关行政管理人员必须有辅导员或兼职辅导员经历。

（六）强化教师协同育人的理念

教师是课堂教学的主要从事者，课程思政实际的运作效果是否显著，与所有课程教师对于课程思政的理解紧密相关。因此，课程思政建设必须先解决认识上的问题。各类课程教师都必须深刻认识到，立德树人是所有课程都要承担的共同任务，每个人都承担着育人责任，进一步强化了协同育人的教学理念。不断加强教师协同育人的理念，提高参与课程思政建设的热情，并将这一认识的转变具体表现在教学实践中，在教学活动中将这一认识不断深化。专业教师树立科学的教育理念对课堂教学具有重要的引导作用。要提升教师的育人责任感，强化教师协同育人的理念，可以通过将育人的具体要求深入贯彻到课堂教学，制订具体的措施，进一步加强对大学生的价值观引导，促进全体教师同向同行，形成育人合力。教师应将德育作为首要的、基本的教学工作，并积极将这一理念牢记于心，提高育人意识，及时掌握学生的思想动态和精神需求，实现对学生整体素质的塑造和提升。

1. 完善专业协同育人生态系统

打造各专业课程思政协同育人生态系统核心在于顶层设计，关键在于组织架构，重点在于全面细致。第一，从顶层设计来看，高校课程思政建设领导小组，应该针对专业协同育人方面成立专门办公室，主要是制订针对协同育人在育人模式、组织架构、奖惩措施、沟通协调等方面的具体方案。例如，育人模式上考虑课堂教学与实践的结合，包括论坛、研讨会、辩论赛、社区实践、工厂实习等；组织架构上，尝试设立分片模式，针对不同专业设定统筹联络人。第二，从组织架构来看，明确课程思政建设成立的组织架构应具备何种职能性质，明晰边界条件，避免交叉管理和重复工作。第三，从全面细致来看，对于课程思政建设主体而言，该协同育人生态系统应该覆盖到高校党委、团委、学院领导、学院思政工作者、学生干部、宿舍管理员等人员；覆盖到包括体育课、实验课、试听课、讲座课在内的所有课程；覆盖到学校食堂、学校医院、学校安保、学校后勤超市等方面。

2. 打通专业协同育人渠道

打通各专业课程思政协同育人的沟通渠道，主要在于课程协同、教师协同、管理者与教师之间的协同三方面。第一，从课程协同来看，主要是课程内容的协同育人。如前文分析，高校课程思政建设要求的思政元素应符合高校思想政治理论课的要求，因此建议专业课程课堂上所需融入的思政元素，应该与思政理论相一致协调。另外，就是不同专业的课程内容的协同，彼此应避免内容相悖、内容重复，应相互支撑、相互融合。这一点主要是针对逻辑性较强的理工科课程而言。第二，从教师协同来看，一是针对大班授课引致的低效性尝试，建议同专业的教师可以在课程思政建设上予以合作，通过分工细化，将大班课改为小班课或者利用互联网工具制订线上课程，对学生设定登录权限，让他们分批上课，全力弱化大班上课引致的低效问题；二是针对不同专业的教师而言，加强交流合作，推动信息共享；三是在课程内容改进和监督方面，不同专业教师思路存在差异，加强交流会拓展思路，丰富学生学识。第三，从管理者与教师之间的协同来看，主要是搭建在生态系统内，用于教师与教师、教师与管理者、教师与课程、管理者与课程之间的沟通平台。这种平台主要是线上的互联网平台，但需要同时涵盖 PC 终端、移动终端和手机终端。

（七）运用合适的课程思政教学话语和话语方式

重视各类课程中隐含的思政教育内容，运用合适的教学话语。在具体的教学环节中，不同的教学话语所引起的反应和效果是不一样的，每一种话语都有其适合的场合和情境，而这种情境又不是固定不变的，而是要密切关注当时当刻，在场的每一位同学及教师所产生的思想活动和主要的状况。随着教学的不断推进，及时掌握和运用合适的课程思政教学话语，可以激发学生的积极性和自觉性，加快课程思政的实施成效。课程思政是基于习近平总书记多次突出强调的课堂教学在课程思政建设过程中的重要作用，以及针对传统思政工作所存在局限的新的发展和探索。由此，高校课程思政建设要求教师选择合适的教学话语，通过积极创设平等和谐的教学氛围，风化于成，增进教育者与受教育者的情感共鸣，将教学话语中包含的育人元素直抵学生内心，学生可以从这些话语中明确自己要努力成为的什么样的人，这对增强课程思政的实际效果具有强有力的补充作用。话语的表达能够体现出一个人所秉持的价值观和道德观。大学的课堂是一个相对轻松自由的语言环境，良好的课堂教学话语可以让学生将积极的、科学的理念自主地纳入他们思想体系中，成为他们思想意识的组成部分，并使其真正地在内心和头脑中生根发芽，并最终体现在学习生活中的一言一行，在不断地积累和践行中形成习惯。传统的教学中，学生更多时候扮演着附属的角色，在教学活动中，只是单纯处在一个接收者的位置。这种长期以来形成的教学模式易造成话语主体之间的不平等，致使教育者的话语在教学中弱化甚至消失，并没有进入到学生的内心。课程思政建设要总结经验，转换单向灌输、缺少反馈提升的教学话语模式，树立民主平等的话语理念，通过运用平等亲切的话语，尽量减少教师与学生之间的隔阂，拉近距离，将教学环境的积极作用充分发挥。引导学生形成对课程思政的正确的认识，让学生从内心乐于接受课堂教学中添加一些思政元素。专业教师更应该充分运用语言艺术，实现把抽象的、晦涩难懂的理论话语转化为具体的、易于理解的生活话语，并在其中传递对受教育者的真诚关心，充分展现话语魅力，推进思政教育资源与专业课程的融合，达到润物无声的课程思政教学效果。

所谓的话语方式，是指话语主体在话语表达方面所采取的方式，主要是由话语主体在表述话语时，所采取的话语关系所决定的。其中，话语关系主要包括平等与不平等这两种关系，而这两种话语关系所指向的话语方式则分别为双向对话与单向独话。单向独话指的是将学生作为单纯的被动接受者，向其不断灌输知识和理论，而忽略了学生的感受，也不关注学生对知识的掌握与接受程度，在一定程度上反映了教师与学生在地位上的反差，以及学生主体地位的缺失。双向对话则是指在对师生之间属于平等的主体地位这一关系有充分认知的基础上，提倡在平等、和谐、自由、民主的氛围内进行教学，以交流、探讨、合作、协商的方式进行知识的学习与获取。双向对话与单向独话的显著区别在于，在重视教师引导作用的同时，更加注重学生的主体感受与知识接受情况。一直以来，高校思政课的话语方式主要是单向独话。随着市场经济的发展，人们的主体自觉意识逐渐觉醒，追求个性独立和自由的呼声日益高涨，而信息时代文化反哺的到来，进一步瓦解了教师的"知识霸权"，使师生之间的知识平等得到一定程度的体现，单向独话逐渐失去了其赖以生存的社会条件，逐渐向双向对话转变。课程思政要想实现话语权创新必须转换话语方式，由单向独话走向双向对话。教师在开展课程思政教学的过程中，应当重视利用双向对话与学生进行情感的交流，使学生在情感的交流与碰撞中形成思想的共鸣。同时，课程思政的考核标准应当尽可能地多元化、全面化，与学生全面发展的内在要求相呼应。仅仅依据考试分数，并不能全面反映学生的个体成才情况和个体差异情况，因此，课程思政应当构建更加多元化和全面化的考核标准，构建共性与个性相统一、理论与实践相结合的考核标准，以推动大学生的政治素质与非政治素质的综合、全面发展。

话语权是一种地位的象征，彰显着在一定范围内或关系中有一定程度的控制力、吸引力、牵引力。传播者为彰显自我在思政教育活动中的领导力和主导性，必须掌握一定的话语权。话语权的掌握能够落实传播者的行为，能够完成传播者教育目的的预计效果。我们要想实现课程思政的效能，就必须使教育传播者掌握传播的话语权。满足这点要求的途径有以下三条：首先，完善相应制度，用制度规定并保障权利。利用制度直接规定话语权的归属问题，将话语权直接赋予传播者。课程思政的开展是传播思政教育信息的最佳途径，所以开展课程思政教育的相关活动在传播思政教育信息上一直占据极为重要的位置。其次，信息传播者与信息接收者掌握的信息量有所差异。课程思政传播者要比普通民众更早、更全面、更系统地掌控思政教育信息。接受主体是很少有别的机会了解到其他信息的，所以只能单方面依赖于课程思政教育传播者，从而使得思政教育传播者的地位得到一定的提高，自然而然地获得了强有力的话语权。最后，思政教育传播者传播的方式与个人魅力。在思政教育活动开展的过程中，话语权虽然容易获得，却不一定容易牢固。只有让课程思政教育的接受者发自内心地认同并主动学习，达成行动与思想相统一，才能真正达成课程思政实效性的提高。随着互联网技术的蓬勃发展，新媒体登上历史舞台，越来越多的普通民众开始拥有便捷的表达平台和更加自由的发声机会。信息来源的渠道不单单依赖于国家、组织单位的专业传播者，思政教育传播者原来的地位受到严重冲击，而网络上的一些传播者开始成为"大众领袖"受到万人接纳，更多大学生通过网络平台获取信息，而非依靠教师讲授的知识点和学校权威发布的信息。这种行为使大学生超越了教师，成为信息传播和接受的主导者，大学生的自我意识显著提高。面对这一现实，课程思政教育者必须勇于面对，积极寻找改变的方式方法。我们既要看到网络平台的广泛应用能够给人们带来便捷高效的信息，使得信息垄断性被突破，又要看到网络世界是自由的，甚至有些超过正常范围。

四、重视学生这一课程思政建设的重要主体

随着我国进入新时期，大学生思想的需求更加贴近时代、贴近实际、贴近学生的真实生活，我们对于大学生进行的课程思政的内容、方法、途径都需要进行创新，不能再用比较陈旧的内容、方法等去对大学生进行思想政治教育。同时，除了单一的方式要有所改善，内容方面还需要随着时代的变化进行实时的调整，从而保证思想政治教育对于当代大学生的针对性、实效性。目前在对高校大学生进行的课程思政育人的方式中，还是用以前的一些活动方式，对于创新方面来说还是非常不足的，并没有实现从各个方面对大学生进行思想的教育。因此，需要创新和改善课程思政教育的内容、方式、途径、载体等。

（一）采用大学生喜闻乐见的教学方式

针对大学生对课程思政认识不够、兴趣度较低、课程育人观念淡薄等问题，在实施课程思政建设的过程中，要采用多样化的教学方式，可以通过线上课堂和线下课堂相结合的教学形式，以及微信公众号和新媒体推送提高大学生专业道德及素养，还可通过积极参与现场观摩、发现问题、调查分析、热点事件探讨等活动，使课程思政与日常生活相连接，改变学生之前对思政元素空匮的认识，使学生思考和解决现实问题的时候能够不断强化主流意识形态认知，增强整体意识，使学生做到心中有数、行动一致，增强课程思政的认同感，提升育人效果。

（二）形成符合大学生认知需求的教学风格

教学是一门艺术，好的课堂教学效果离不开好的教学风格。教学风格的养成必须从学生的认知需求出发，贴近学生的需求和愿望。课程思政的实效性的提高需充分调动学生的内驱力和积极性，实现思想和行动的统一。寻找学生感兴趣的话题，并根据其兴趣制订或调节教学内容，还可以结合教师自身的教学特点选择适宜的方法，从而实现教学目标。举个例子，在学习新课程的内容时，可以提前提出问题引导学生通过搜集整理课程内容的相关资料，形成自己的判断，之后做成PPT形式的报告，通过报告展示、交流，分享自己的理解和感受，在共同探讨中更好地领会教学内容，激起学生的情感共鸣和认可。

（三）引导大学生应对外部社会环境的潜在冲击

高校应该提前谋划积极应对外部社会环境的潜在冲击，在外来文化的辐射与本土文化的浸润下，大学生容易受到外部环境与社会发展的影响。大学生对时事热点、社会重大事件敏感度强，关注度高，对待社会主流意识与社会发展，有着超强的介入意识。而在当前的信息科技时代，积极的社会参与意识最突出的表现，便是利用移动新媒体来表达观点，在网络公共场域发表看法，引起众人关注。他们一方面关心党和国家大事，承担社会责任，勇于奉献；另一方面不会回避个人利益的追求，更多时候会寻找奉献与索取的平衡点，即在注重价值实现的同时要求有物质利益的回报。

要帮助大学生树立远大理想信念，青年强则国强，青年大学生的发展决定着国家的未来，只有大学生有崇高的理想信念，紧系国家民族的命运，才能在中华民族伟大复兴的洪流中，书写青春梦想、谱写人生华章。例如西南石油大学、四川现代职业学院的主题教育版块，洗涤大学生的灵魂，塑造大学生的坚韧不拔的品格，让理想信念之光成为大学生前行之路的灯塔与明灯。下面将从建立合理规范的风险防范机制、开设相关课程加强正面引导等方面提出策略建议。

1. 建立合理规范的风险防范机制

部分大学生存在的思想道德风险多集中于信念动摇、素质低下、自我放弃、脱离实际等方面，导致其自我约束力差、生活能力弱，无法形成有效的常态化应对措施。为了降低大学生出现道德风险的概率，提请学校针对单一追求个人利益最大化及多元文化的冲击效应，建立合理规范的风险防范机制，具体包括领导机制、管理机制、落实机制、评价机制四方面。

2. 开设相关课程，加强正面引导

开设相关的课程，加强正面引导，主要针对外部社会环境中潜在的影响。专门开设相关课程，主要目的是将冲击的基本特征、内涵及潜在影响向大学生进行说明解读，帮助大学生充分认识到部分外部社会冲击对其今后发展的影响，使其主动认清外部冲击的不良影响，远离外部社会环境，积极投入到校园的学习活动中来，切实通过学校的教育来提升自己的能力水平，发挥自己的社会价值。具体建议：建设跨学科科研团队，针对外部潜在的环境冲击第一时间进行捕捉分析，制订研究课程，开展讲解工作；积极组织社会实践活动，引导学生参与其中，通过线上平台线下活动双管齐下，增强对大学生的引导频度，扩大对大学生的覆盖面。

3. 课程思政教育要坚持爱国主义教育的创新

民族精神对当代高校爱国主义教育具有非常重要的指导意义。失去了民族精神，爱国主义便失去了最基本的价值。随着我国对外开放"大门"的打开，大量多元化的价值观相继涌入，西方自由主义思潮也随之而来。为此，强化民族精神教育，培养民族自尊心、自信心，坚定共产主义思想，对提升大学生的辨别能力、自我约束能力及认清现实的能力，增强自信心，避免悲观主义、消极情绪影响有十分重要的意义。学校的爱国主义

思想政治理论教学，是当代大学生形成民族精神的理论基础，对形成旗帜鲜明的民族精神具有指导作用。因此，围绕爱国主义理论应开展相应的时事政治学习、英雄事迹学习、革命历史学习，从而大力提升学生的精神文明素质，推进高校课程思政建设。

（四）整合资源，构建良好的环境

学校作为课程思政教育的主阵地，致力于以先进的思想引领学生发展。为提高思想教育的有效性，高校逐步转变观念，注重整合社会资源，改变"孤军奋战"的局面，努力将社会教育、学校教育与家庭教育相结合，形成"三位一体"交互式思想教育网络。

家庭、社会作为大学生生活和实践的重要场所，其成员对思想政治课程的态度影响着大学生对此课程的认知。良好的家庭、社会认同氛围的构建可以以润物细无声的隐性教育方式，引导大学生对此课程认同。开展课程思政工作需要围绕"全过程育人"来展开，课程思政工作就是做人的思想工作，这里的"人"就包括所有人，那这种一般性观点就有失偏颇。本书认为要从两个方面阐释全过程育人内涵：一是要阐释全过程育人中的"过程"之义，二是说明全过程育人中的"人"。过程，即事物变化发展的阶段；"人"既可指所有人，也可指特定对象。这样一说，全过程育人就有广义和狭义之分了。广义的全过程育人指在人的整体发展阶段中（人的一生）的持续性和阶段性育人。狭义便指在特定育人对象的整体发展阶段中的持续性和阶段性育人，以学生为例，即在学生身心发展整个过程和入学到毕业的过程中，实现持续性和阶段性育人。具体来说，对学生而言，实施全过程育人，就要举全员之力把育人工作做到家庭教育阶段中、学校教育阶段中、社会教育过程中，在知识、情感、价值观方面实现渐进式和衔接性的教育。

1. 充分发挥家庭教育的作用

营造良好的课程思政家庭认同氛围。家庭教育对子女具有得天独厚的亲和力和深远持久的影响力，因此，家长要注重家庭教育环境的构建。家长对高校思政课程的态度是子女正确定位此课程地位的重要参考因素，因此，家长要改变传统观念中思想政治课程是"副科"、学不学无所谓的错误观念，树立正确的成才观，正确认识和定位此课程在子女德育培养和能力提升中的重要作用。家长要及时掌握和熟知子女的思想状况和行为表现，一旦发现问题，需要双方共同努力，及时帮助子女纠正错误的观念和行为，保证子女沿着正规的路径前行和成长，同时也能通过这种方式让子女进一步感受到家长对该课程的重视，提高他们的学习动力。家庭教育是课程思政育人工作中的重要方面。家庭教育对学生成长成才产生影响的主体既包括父母，也包括与父母有血缘关系的亲属。他们的价值观念、人生态度、生活习惯会对学生的个性特点、思想意识、行为表现产生潜移默化、深远持久的影响。所有的父母都希望子女成长成才，可并不是所有父母都能在知识教育和品德教育等方面给予全面、正向的引导和支持。同样，在这一点上，与父母有血缘关系的亲属可能也做不到。所谓教育者必先接受教育，家庭教育中的主体要想做学生的表率，就要在知识、品德等方面接受良好的教育。做好家庭教育服务指导，帮助家庭教育中的主体，积极主动地学习中华传统文化中的优良家庭教育传统、优良家训、家礼、家法、家规等行之有效的家风培育方式，以期与学校育人工作协同一致。

2. 充分发挥学校的主渠道作用

学校作为培养人才的摇篮，一直以来都是传承人类文明成果的主渠道。相较于其他教育渠道，学校教育拥有系统性、普适性和正规性的特点，学校教育利用其人才优势、优质的教学资源、规范的教学方法与先进的教学手段，充分调动了广大学生学习的积极性与主动性，提升了学习效果，使学生的思想素质、专业技能、道德水平等多方面得到发展。发挥高校在课程思政教育中的主渠道作用。细致地研究、把握学生的思想特点与规律，运用符合学生学习规律和成长规律的方法，以学生喜闻乐见的方式进行宣传、引导与教育，这是推进课程思政教育的重要着力点。

3. 依托社会推进课程思政教育

社会风气和社会环境的好坏影响着大学生对高校思政课程的认同，整个国家、社会和各个部门要协同努力，为大学生养成过硬的思想政治素质和正确的价值观念提供一个良好的社会认同氛围。具体可以从以下三个方面着手。其一，净化社会不良环境。首先，针对目前社会上出现的非法经营和网络乱象等社会问题，党和政府要进一步加强廉政作风建设，对这些现象严厉打击，完善法律法规和多途径监督机制，打击违反诚信经营、偷税漏税等犯罪行为，加强对网络的监督和管理，以赢得大学生对党和政府的信任，进而增加他们对该课程教材内容的认同。其次，针对严峻的就业形势，党和政府要在想方设法增加就业的同时鼓励有意愿的大学生进行创业，并给予他们最大限度的政策和资金支持，以缓解就业压力。最后，针对不良思想的侵蚀，党和政府要进一步加强国家意识形态安全防范意识。其二，用人单位要注重对应聘大学生思想政治素质的考核，将他们在大学期间的思想政治素质表现情况，以及鉴定评语作为决定是否录用的重要标准，促使大学生重视该课程，增加他们学习此课程的外在动力。其三，党和政府要加强对报刊、影视和互联网等大众传媒的管理，充分利用大众传媒传播速度快、覆盖面积广的特点，加大对社会主义核心价值观和体现社会正能量的人和事的宣传力度，以正面人物和先进事迹传递正能量，进而形成良好的社会风气和社会德育环境。社会这一大环境，对于大学生课程思政教育更应该担起责任。然而，大学生日常生活的场所都在学校，这就促使社会这个大家庭对于学生的育人工作力度比较弱。大学生衣食住行都在社会生活中，这就需要社会中的成员对大学生进行积极的引导。比如，社会中的企业在学生毕业实习阶段，对大学生参与社会实践活动，要给予学生思想上的帮助和引导；其次，社会中的成员对于学生道德品质的形成也要树立良好的榜样，相应地，不要引诱他们犯错误，带他们进入误区。从目前状况来讲，社会成员对于大学生的思想政治教育工作并没有切实到人，大部分社会成员、团体认为这些事情事不关己，对自己的影响并不大，只要把自己的工作、事业做好就行。同时，社会成员在对学生遇到困难时，应该及时给予帮助和引导，这样他们就会少走弯路，不会误入歧途。然而在现实中，部分机构对大学生进行诱骗，让他们贷款整形等，最后造成他们走向还款之路，这些现象数不胜数。所以，要避免社会上的组织、机构、成员被金钱所左右，从而影响大学生的思想发展和健康成长。

五、健全和完善新时期课程思政制度建设

(一) 建立新时期课程思政平台机制

要想推动课程思政沟通交流平台的发展和完善，就要建立健全所有课程的协同联动机制。采用线下交流与线上沟通相结合的形式，增进专业课

教师对思政课程育人功能的认识，努力构筑全员育人、全程育人、全方位育人的同心圆。同时加强专业课教师与辅导员的交流。辅导员在育人工作中扮演着非常关键且特别的角色，他们往往与学生的关系更加亲近，对学生的了解度也比较高。鉴于此，高校可以通过促进专业课教师与辅导员的沟通，营造和谐的师生关系，对学生的动态能够有更多层次和方面的了解，促进课程教学的优化提升，有的放矢，实现两支队伍的教育双赢。要促进专业课教师之间的沟通交流。高校可以通过促进专业教师在备课、讲课、听课、比赛等多种形式的课程思政交流平台建设，使专业教师能够在不同阶段和活动中接触到更多丰富的思想政治教育元素，引导学生加强对课程思政的理解，调动其积极性，实现传道授业解惑的有机结合，增强课程思政的吸引力和实效性。最后要积极搭建教师与学生的线上互动交流平台。通过建立具体的学习模块，及时对学生进行价值引导，帮助学生走出困境，保持健康向上的人生态度。通过教师与学生之间的良好互动，增进彼此的了解，拉近二者之间的距离，有利于学生学习教师身上的优秀品质，推动课程思政建设。积极运用主题班会、每周例会、经验分享会、超星学习通、慕课、微信、QQ、微博等形式。高校教师可以结合课程的需要，在慕课上选取优秀的教学视频，推荐给学生供学生学习；同时，教师也可将易班这个平台进行有效运用，易班是具有教育性质的网络平台，对学生之间进行网络的交流提供了便利。网络平台对于构建高校之间"网络大思政"的体系发挥着重要作用。课程教师可以运用学校的有效资源，开创网课的形式，自行进行课程录制，为学生提供线上和线下的教学，构建起学生接受教育的良好网络生态，有效运用互联网资源，促进全员向着立德树人这一目标努力。

要加强专业教师主导的第二课堂建设。大学生整体思想道德水平的提升，单纯依靠专业课堂教学是不能达成的，因此要精心构建第二课堂课程思政环境，充分发挥第二课堂形式丰富多彩、空间范围广大的优势，把专业课程与第二课堂充分结合，构建和完善第二课堂的育人模式，形成全方位的思想政治工作体系。高校可以通过积极组织开展社团活动、主题班会、学术论坛、文化讲座、志愿活动、体育活动、人文关怀、科技培训等第二课堂，在其中有意识地突出价值引领的作用，强化第二课程的育人作用。将专业课、思想政治课程和第二课堂中的一切积极因素进行有机整合，增加学生实践锻炼的机会，形成良性互动，利用网络育人载体，构建网络思政话语体系，聚焦学生，吸引学生的注意力，拓宽思政教育渠道，发挥网络课堂的积极作用。

（二）建立新时期课程思政激励机制

对于处于一定社会关系之中的现实中的人来说，其需求大体上可以分为生活需要和精神需求两大类。激励作为外界对主体的刺激，也不失为一种实现课程思政建设的有效手段。对于课程思政的教学主体来说，适当的物质奖励和精神奖励能使其保持良好的教学状态，在增强教学获得感的同时，激发参与课程思政教学的热情。具体奖励措施落实都是以教学效果为导向的，并且讲究物质激励和精神激励的科学使用和合理配合。为涉及课程思政的科研项目提供专项经费扶持，从教育主体的现实需求状况出发，既提供一些物质上的保障，又为他们的长远发展积累专业素养和资历背景。

高校奉行教书育人的价值志趣，可以以教师奖励计划为抓手，将任课教师对于课程的思想政治教育资源的挖掘能力和育人实效，作为职称评定和是否给予专项支持及额度多少的部分依据。当然也有必要对课程思政教学表现突出的任课教师予以精神激励，赋予相关荣誉称号，使其切身感受学校对自身工作的重视度，增强精神层面的获得感。教育教学实践活动的推展需要教育主体和教育客体等基本要素的共同参与，只有通过两者的协调配合才能顺利开展教学活动。所以，激励手段的运用不能仅仅局限于教育主体的范畴，评价体系需要辐射到教育客体。毋庸置疑，课程思政教学效果评价的最终落脚点在于，学生通过各类课程的学习，其思想政治素养、价值判断能力、信仰形塑能力能够得到提升。对于教育客体，即学生而言，要侧重有助于实现可持续学习的发展性奖励，加强学生在课程思政课堂上互动的积极性和主动性。加强课程思政激励制度与学生评价体系的关联度，将学生思想政治素质、道德水准、信仰坚守、行为习惯等诸多方面，与评奖评优、推优入党等奖励行为挂钩，不断完善学生的课程思政奖励制度。

各高校要尽快建立合理的教师激励机制，最大限度地激发教师的创造活力。课程思政建设主体需要集思广益，征求各方意见综合考虑制定出内容全面的、有关各类教师的考核评分细则。激励机制的制定不能过于苛刻、难操作，否则在探索建设阶段容易打击教师的积极性，未能发挥出其应有的作用；但也不能太过于宽松，要富有弹性，既能鼓励各位教师参与到课程思政建设中来，又能激励各专业课教师积极探索适合各自学科的课程思政之路。课程思政建设要靠教师的教学实施才能将理论变成现实，对于高校教师开展课程思政建设过程中取得的优异教学成果，各高校要根据实际情况设定相应的教学成果奖，并给予一定的奖励和成果宣传展示，激励各教师纷纷投入到该建设中。同时，也要重视课程思政教材的开发，设立教材奖。教材是学科建设的重要组成部分，体现着教育教学的发展水平，在课程思政建设工作中占有重要地位。为了激励各任课教师提高自身的时政素养，自觉在教学中融入思政元素，加强对学生价值情感的正确引导，高校对于各任课教师的课程评价标准应有所调整。要提高任课教师授课在晋升职称中的比例，改变高校领导和教师重科研轻课程的心理；同时对教师教学方案的检查、听课评判、学生情感态度的转变等有关课程思政建设的内容，作为晋升职称、工资绩效等方面的评估标准。

（三）健全新时期课程思政建设评价体系

对于新时期课程思政的评价，我们应先运用当前已普遍设立的各级教学督导队伍、学生信息员队伍，以及教师网上测评系统等途径。本途径要避免两个现象：第一，如教学督导听一节课，发现教师无思政融入，断不可将结论定为教师未落实课程思政；第二，教师发现督导或管理干部来听课，课堂上及时调整教学内容，立即讲解思政元素，得出教师落实课程思政得力的结论。因此，常态化的评价建立比单次、偶尔抽查更为重要。所以，学生信息员队伍、学生网上测评是反馈教师课程思政日常实施情况较为全面的途径。现实中，可能有教师担心会得"差评"而降低学习、考核标准，"不为难学生"。因此，要注意运用多数学生的测评结论来考察教师的一贯表现。一项举措，往往有利有弊，但不能因为"点"上的不足而否定"面"上的功效，而是要做到现行评价手段的多角度观察、各方面结合。

课程思政工作做得好不好，有没有效果，需要通过考评制度进行定量和定性分析，以实现信息的有效反馈，及时发现问题，适时解决问题，促进学生的全面发展,最终达到检验课程思政工作成效的目的。首先,确立考评主体。考评学校课程思政工作,需要省级层面、学校师生参与,考评对象就是学校全体师生。省级主管课程思政的工作部门要对各级各类学校课程思政工作进行考评,同时学校要对校内各部门、各单位和每一课程思政主体的课程思政情况进行考核。这两个方面的考评既要看教职工做了什么,又要看学生收获了什么。其次,确立考评目标和内容。课程思政工作的根本任务是立德树人,具体来说就是培养德智体美劳全面发展的社会主义建设者和接班人。无论是省级层面的考评还是学校自身的考评,都要以这个根本任务和具体目标为出发点和落脚点。省级层面要着重围绕学校是否将立德树人贯穿到办校治学、人才培养等各方面的内容进行考评。学校要立足课程思政体系,围绕学生身心健康发展,从学生是否在学习、生活、工作等方面得到帮助和引导,来考评教学、管理和服务部门的教职工是否结合岗位特点,承担课程思政职责,发挥课程思政作用,即是既要考评教师教的情况,如教育内容、教育方法、教育态度、课程思政工作量等,同时也要考评学生学的情况,如思想状况、行为变化等。既要考评课程思政工作的整体,也要考评课程思政工作的部分。这些工作的成效不是立竿见影的,需要经过长期、全面的考察,才能进行有效的考评。要想形成考评模式,就要将课程思政考评工作贯穿到教职工选聘晋升、职称评审、工作考勤、评优表彰等其他方面工作中,以及贯穿到学生评奖评优、入团入党、学生干部评选等方面工作中。按照全员、全过程、全方位的要求,面向全校师生,采用线上和线下问卷调查法、访谈和随机听课等多种方法相结合的方式,本着公开、公正、透明的原则进行考评,公布考评结果。要充分利用考评结果来加强、完善和改进课程思政工作的方方面面。对于遵循立德树人内涵要求、师德师风建设要求,遵守职业道德、履行岗位职责的教职工给予工资待遇方面的物质奖励或精神奖励;反之则实行退出机制,让该教职工不再担任现有职务,对于党员教职工则根据党内法规进行相应的纪律的处分。

新时期评价课程思政建设的主体应该是多元化的,具体可分为高校管理者、课程实施主体、学生、辅导员、家庭以及用人单位六类主体。高校管理者主要是负责统筹规划,监督调控校级、院级管理者,对当前课程思政建设现状进行检查、监督,同时对不同阶段的建设成果进行评价和指导。课程实施主体是高校各专业教师,是课程思政的一线建设者,其评价具有重要的参考性,主要包括教师对自我的评价、教师之间互相评价,以及教师对学生思想和价值观变化的评价。学生思想情感的变化是新时期课程思政建设评价体系中的关键主体,他们最能直观地感受教师课程思政实施的成效,能够为提升课程思政建设质量提供改进路径。辅导员虽然不是授课者,但是却对学生的思想政治理论知识外化程度有较为准确的判定。家庭是学生除学校外,生活较多的一个场所,而且家庭成员对学生的道德品质、个人情感等方面的积极变化感受最深,是评价课程思政质量主体中不可忽视的部分。用人单位是新时期课程思政评价体系中的长效性的主体,新时期课程思政建设成果既要能经受在校期间的评价,也要能跟踪其在用人单位中的表现,因此高校是否培养出全面发展的大学生,要经受用人单位的评价才行。

新时期课程思政评价内容应该多元化。一方面,要有对课程思政管理者工作的评价,其评价内容应根据不同部门职责的不同而不同:院系领导小组重点考察各院系课程思政改革课程数目和改革质量的量化评价;教务处重点考察课程思政示范课建设工作落实情况,教学大纲、学生培养方案等内容是否按照课程思政建设要求改革;其他各部门根据各自职责设置考核内容。另一方面,对教师实施的课程思政教学内容进行评价,主要分为三大部分:课前对教师的教学大纲、教学设计、教学态度等方面进行考察,评判此课程的可行性和效果;课中对教师的教学方法、课程思政切入点、专业知识与思政元素融合程度进行考量;课后将学生评价、督导评课,以及领导、思政课教师、同行评课和建议纳入到考核当中。最后是对大学生知识、能力和价值等方面的提升考核评价。课程思政的成效最终是通过对大学生的知识、能力和价值的考核进行呈现,因此这是考核中的重要环节,也是最难的环节。对大学生能力提升的考核,可以通过校内创新活动、实践评价等方式来测评学生的思考能力、运用能力,其关键在于是否能用马克思主义原理、观点和方法解决问题。对价值观的考核,可以从以下几个方面测评:课程实施前后学生思想和行为的变化;对党的最新理论的政治认同、思想认同;对自身专业的职业规范和职业精神的理解;等等。在考核过程中要注意考核的动态性和长期性,毕竟学生的特点不同,其思想变化也不是几节课程就可以发挥出作用的,对不同阶段不同专业的学生进行动态追求和统计类比，保证考察结果的有效性。课程思政建设不是一蹴而就，而是长期且循序渐进的动态过程。过程性评价是对学生的知识、能力、思想、道德品质等各方面的发展与变化及时了解、评价和反思，从而能够及时调整自己的教学方案，完成教学任务。过程性评价优势在于两个方面：一方面，可以通过评价所反映的信息让任课教师和学生都能发现在教学与学习过程中各自存在的优点或者缺点，将老师的优点和学生的优点开诚布公地进行反映，对两者的缺点共同面对，及时讨论改进，从而整体促进课堂教学质量的提高；另一方面，通过过程性评价能够使教师积极地反思自己在课堂教学活动中存在的问题，诸如课堂内容组织、课堂时间分配、学生学习效果反馈等问题，能够结合不同的课程内容及时调整教学方式，整体提高课堂教学质量。结果性评价是对课程思政建设某一阶段结束后的总结性评价，能够有效反映出高校课程思政当前建设效果如何、存在哪些问题，为后期建设计划的制订提供参考。要针对高校课程思政的建设效果进行科学客观的评价，对于建设水平排名靠前的地区和高校，可以进行典型经验分享；对于建设水平排名靠后的地区和高校，可以认清形势积极查询建设过程中存在的问题。总体来看，由于各地区、各高校课程思政建设存在不平衡的特性，即存在显著的异质性特征，因此建立一个适用于所有地区高校的评价体系的关键是推动基础研究，积极探究开发新的评价方法，核心是加强顶层设计，通过顶层设计给出评价方向，明晰边界条件，统筹沟通协调。

教育教学评价体系事关高校一线教师的荣誉，应当公正客观地进行认定。首先，与思政内容相关的教育教学评价可以对教师灵活变通能力、政治觉悟水平进行考核摸底；其次，需要构造合理的评价体系来对教师形成正向激励作用，推动高校教师积极认真地开展高校思政建设工作。

开展优化评价反馈过程，提高课堂教学评价效用的研究。评价结果的好坏，以及评价结果是否具有科学性是对评价结果客观性的保证，同时也是发挥评价结果目的最重要的保障。因此优化评价的结果反馈过程是至关重要的过程。反馈分为三个阶段：反馈前，确定反馈结果具有可靠性和有效性之后，及时反馈给教师本人及所在的分院，利用反馈信息指导和改进自己教学中的不足；反馈中，需要注意反馈信息的时效性、全面性、准确性和多样性；反馈后，需要重视反馈的后效追踪。通过优化教学课堂评价的过程,从中分析评价的得失,改进评价中的偏差,提高评价质量,才能真正发挥课堂教学质量评价的作用。要树立底线意识,设立监控机制。每个高校都有上百门至上千门课程,不可能每一门课程、每一位教师都能将思政部分讲透、讲精彩。所以,在课程教学的督导过程中,首先,要确保专业课教师不能出现背离社会主流价值观念和质疑特色社会主义道路、党的领导等不当言论的出现,这是课程思政应有的体现和应坚守的底线。其次,对课程思政实施效果开展综合评估。对在校大学生以问卷调查的形式评估课程思政实施的总体效果。对于课程思政教学落实相对较好的教师要给予奖励,并纳入教师绩效考核;而对于落实课程思政教学改革目标差距较大、能力不足的教师要及时指导和组织培训。

(四) 建立健全责任制度

围绕立德树人根本任务,从中央部署到地方推进,再到学校落实,各层级需要按照各自的课程思政工作方案,领任务、担责任。人事部门要根据各部门职责、各岗位职责,将课程思政职责要求纳入其中,明确责任主体、责任落实和追究。省级层面课程思政工作要按照中央的要求,在各级各类学校党组织建设、思想政治工作、校党委工作等方面,将评选各类学校、各单位、各组织课程思政先进集体和宣传课程思政工作、先进典型事迹。学校层面以校党委为领导的课程思政工作组,要明确党政部门对课程思政工作的意识形态指导、宣传教育责任;明确人事部门要建立与课程思政内容要求相融合的岗位考核制、年终考核制;明确各职能部门、各教学单位承担课程思政的责任,建立与岗位职责相融合的工作制度;明确教师指导学生党建、团建、社团活动、科研和文体竞赛等方面的责任制。总之,要明确全体教职工课程思政职责,实现时时处处思政,事事处处追责。

(五) 完善各项保障制度

1. 政策保障和软硬件保障

要想保证课程思政工作的衔接性和持续性,就需要在教师培养、培训,各层级教师流动、人才培养、信息资源共享流通、教学科研指导等方面,既要有省级层面的统一政策支持,也要有学校特色的政策支持。学校师生在课程思政工作中受到潜移默化的影响,就要有目的、合理地设置校园基础设施、标志物、建筑物等,使其充分发挥育人功能;利用社会资源为师生搭建设备齐全的科研、竞赛、文体等实践活动场所,联通多样技术支撑的平台;充分利用已有设施、场所,打造含有课程思政功能的环境,以此来优化师生的精神世界、陶冶情操,促进师生共同发展,积极主动维护课程思政育人环境,发挥课程思政的作用。

2. 资金、技术保障

通过健全制度体系来充分释放教师团队的潜力,主要是指完善制约高校教师素质能力提升的体制机制,主要包括加强资金、技术保障力度。第一,从资金层面来看,学校开展课程思政工作,需要经费支持。省级层面的经费支持可由学校进行申请,依照相关规章制度进拨付,或者鼓励学校自主利用社会资源获取经费支持。学校要对党建、思想政治工作、课程思政、思政课程等含有育人内容和功能的教学科研工作,设立课程思政建设专项资金、专项账户、专门管理人员,依据育人项目和教学科研申报级别、工作量、工作成果,设立不同额度的专项经费,以此来鼓励深化课程思政研究工作,进而为提升育人工作成效提供理论支持和决策依据。对于课程思政项目立项、技术研发、人员抽调等方面予以大力支持。通过资金方面的支持,高校教师就可以根据个人需求、个人偏好有针对性地开发适用于课程思政的教学。加强课程思政建设的正向促进效用和影响力。但对于资金的使用方面应该设立一个公开透明的监管机构。第二,从技术层面来看,课程思政建设不是单一专业开展的,需要高校多部门、全方位的协同合作来进行,因此在当下的信息时代,更加需要信息通信技术等方面的支撑,规避因为技术原因制约课程思政工作的开展。当然,对于技术保障力度的加大,同样需要资金层面的支持,但更需要的是得力的团队来操作,因此需要相关管理部门统筹规划、加强协调。

第六章 高校课程思政教学实践

本章主要论述了课程思政教学课堂管理与教学设计，详细介绍了通识教育中的课程思政、通识教育课程中融入课程思政的必要性，并对专业课课程思政教学实践中存在的问题以及专业课课程思政教学实施的有效对策进行了详细的分析。

第一节 课程思政教学课堂管理与教学设计

一、课程思政教学课堂管理

提高课程思政内涵融入课堂教学的水平，关键在于课堂教学管理。因此，要想打造课程思政的高效课堂，就要营造"有温度""有思考张力""有亲和力"的课堂氛围，保证课堂思政教学顺利实施，达成立德树人的目标。

（一）完善课程思政科学融入渠道

在课程思政的教学中应注重课程思政"内涵融入"课堂教学，提高学生学习的积极性，把握好教学中思想政治教育的体量安排、切入时机和方式选择的关系，增强学生的学习效果。毋庸置疑，思想政治教育元素在教学中应采取"显""隐"结合的形式。必须注意的是，"显"不是强制嵌入，而是在合适的知识点、合适的时机"进入"（学生进入积极学习状态），并保持合适的体量。就体量而言，应该立足"精"，唯有"精"，才可能"深""透"。部分高校采取"5分钟"做法，就是一个较好的尝试。

当然，具体多少合适，需要教师结合对学生学习效果、教学方法、切入点与时机的综合考量，进行探索与尝试。

（二）选择科学的融入方式

思想政治教育进入课程最理想的方式就是自然生成，即由某个课程知识点自然切入，做到水到渠成。切入方式要巧妙自然，其中"巧妙"是指平滑过渡，不至于过于直白而变成说教，设计"精巧"，不至于开口大而导致易放难收。具体而言，可采用以下方法：问题创设，即由某节课涉及专业领域的思想政治教育问题，引发学生思考，或促成小组讨论；事件或案例导入，即与本节课专业知识点相关的事件，从具体的思想政治教育维度切入，阐述其背后的思想政治教育元素，促进讨论；故事导入，结合有故事的专业知识点，引导学生进行探索；情境导入，即基于情境预设，引导学生进入情境，逐步推出思想政治教育主题；比较导入，如专业知识层面的中外对比，进而导入"责任感和使命感"或"民族精神"等思想政治教育主题。在切入时机选择上，应凸显有预设的"生成"色彩，即有预设但不机械。时机选择的依据是学生学习状态、专业课程运行情况（以不影响专业知识内在逻辑表达为前提）。

（三）提升融入效果

课程思政教学活动的组织除了正常讲授与互动外，课堂教学中需要灵活采用多种形式，以提升融入程度与学习效果。就形式而言，第一种是常态化的课堂讨论，具有随机发言和对话性质，即话题由专业课教师发起，并初步形成基本讨论路线，学生在课堂上就所讨论话题提问和发言，教师引导学生思考、探讨和总结；第二种是"微专题研讨"，学生可在教师指导下，根据课前准备进行讨论，在较短时间内进行交流和讨论，促进学生进一步思考；第三种是对话，即聚焦领域内某一事件或专题，从事件本身说起，逐渐进入事件背后蕴含的思想政治教育元素；第四种是小组合作学习，这一形式适合小班的主题式课程思政教学，教师提出明确的思想政治教育主题，要求学生基于前期准备，采取合作方式，从不同维度分析、阐述、补充并得出完整结论，这种组织形式，往往需要较多的时间，应穿插在专业课程的序列研讨中，更适用于复习教学等。

(四) 增加教学调控的针对性和有效性

为了达成学习目标和丰富学习体验，科学推动课程思政教学全过程管理是一项重要而紧迫的任务。第一，课前沟通，基于互动的预设。教师在课前发放给学生的预习材料中，应将思想政治教育元素、话题预先呈现给学生，并收集相关反馈，对教案进行修改完善，来满足学生的需求，行之有效地开展教学活动。第二，基于学生学习体验立场，及时优化教学。专业课程学习本来就有较大的知识学习、能力发展压力，而思想政治教育元素的加入，必然在体量上"增压"。教师应采取方法，让体量"增压"基于结构变化引发"质变"，从而达到"减压"的效果。教师要不断优化教学流程，降低学习的复杂程度和进入难度，使思想政治教育元素由增加的"体量"要素变成课程知识自身调节要素，使学习过程更为紧凑和流畅。同时，教师应基于对学生学习状态及情绪的把握，实时介入，提升学习效能。第三，基于学生发展立场，关注、倾听、调控。教师要关注学生学习状态、情绪的变化，随时和学生进行沟通交流，建立起相互信任、和谐的师生关系。教师应积极倾听，和学生探讨思想政治教育问题，及时有效地把学生引向正确结论。值得注意的是，教学事件的处理，也需要教师有所准备。当学生在课堂上提出与主流价值观相违背的观点时，教师应及时介入，纠正学生的错误认识。

二、课程思政理念下的课堂教学设计

(一) 课程思政教学主题和教学方法选择

1. 问题澄清与道理阐明类思想政治教育主题及教学方法选择

课程思政教学中，必然涉及一些基本的思想政治教育知识点讲解，这些知识点在思想政治理论课中也有涉及，但脱离具体情境却无法讲清楚。而这类主题均为专业课程的重要或基本思想政治教育问题，学生应掌握其知识并能结合专业课程进行理解和运用。在这种主题的教学中，一方面要将价值性和知识性进行统一，指的就是在引导学生学习知识的同时实现价值观引导；另一方面要将政治性和学理性进行统一，以学理性分析帮助学生了解思想政治教育知识的内涵，用思想理论引导学生，用真理的强大力量影响学生。这类主题（知识）的选取，旨在弥补思政课程在相关主题上的"地气"不足。教师应该厘清这类主题与学生知识结构、生活经验，以及社会现实之间的关联，以此激发学生的学习兴趣。

2. 行为规约型思想政治教育主题及教学方法选择

部分思想政治教育主题以一种"规约"的形式呈现，"规约"的目的是帮助学生结合所学专业进行自我约束，立足专业的"真"问题，明确为何、如何自我约束。以《高等学校课程思政建设指导纲要》中提出的"理学类专业课程，要注重科学思维方法的训练和科学伦理的教育"为例，选取"科学伦理"主题，首先要找到适当的植入点，可以具体到"科研诚信"的主题，在课程或相关文件中切入，以解决以下问题：学生应如何结合专业学习与研究掌握科研要求与规范？如何遵守科研规范？前一问题，可采取讲授法、案例研讨法；后一问题，则需将科研规范要求穿插在研究各环节、主题讲授中。引导学生思考如何在自己的科研工作中遵守科研规范与诚信。

3. 情怀培养与精神涵养思想政治教育类主题及教学方法选择

"情怀""精神"类主题，在《高等学校课程思政建设指导纲要》中多次出现。这类主题适用于各类专业课程，因而必须紧密结合专业教学，以免泛化和同质化。情怀培养和精神涵养类主题教学中则应以讲授法为主、案例教学法为辅，让学生在情感上产生触动；可借助多媒体等，采取情境教学法，将学生代入情境，产生情感共鸣和精神共振。可以结合专业中的具体问题，延伸到家国情怀、民族精神。如理学、工学、农学等，必然会涉及大量与中国科学家有关联的成果，这是思想政治教育教学很好的切入点。可采取案例教学、情境教学或者小组讨论等方法，解析经典案例背后的情感密码、精神密码，让学生进入故事情境，深刻领会家国情怀、民族精神，引导学生的思维向更深处探寻，明确立足专业领域"我应该如何"，以避免出现"听"着感动、想着激动、落到实践不能动的问题；也可立足专业维度，设置大学生暑期实践主题，从探寻历史、深入伟人的精神家园等角度，引导学生通过"发现"接受精神洗礼，进而实现向行动的转换。

4. 问题应对型思想政治教育主题及教学方法选择

如何认识、辨析专业领域的各种新问题、新现象，保持自己的立场，拥有自己的观点、态度和处理方法，是课程思政教学需要为大学生解决的问题。首先，必须立足专业，结合对各种信息的掌握，采取专题讲座或某一节课的形式，对问题加以分析。其次，可采取小组合作学习、情景教学、课堂辩论、探究学习等方法，发挥学生主体性作用，让学生发挥信息技术特长，收集各种材料，进行探讨。最后，可采取研讨式教学，引导学生立足专业和相关研究进展，反观自己的专业理想与学习，树立破解专业难题、奉献社会的人生理想。

（二）课堂教学设计

1. 课堂教学目标设计

课堂教学目标是课堂教学中"教"与"学"互动的目标。它代表了教师在实施课堂教学前对学生的期望，以及学生在接受教育之后达到这些期望的程度。在设计课堂的教学目标时，预期的学习效果是教师关注的重点，同时对于教学过程有着决定作用。首先，教育目标的设计必须满足学生的需求，同时要考虑到学生的接受能力、认知能力和学习能力之间的个体差异；其次，教学目标的设计应考虑学科发展的需求，包括学科的理论知识和实践能力；最后，教学目标的设计应考虑社会的需求，要紧扣社会的发展。根据高校课程标准编制要求，结合高校学生认知特点，针对不同专业课程的特点，需对课程的知识、能力、素养这三大目标进行明确，这是课堂教学设计的前提和基础。课程思政理念在课堂教学中的实现，依赖于课堂教学目标的准确设计。课堂教学目标应结合专业课程的理论知识和能力培养特点，有效地结合职业素养需求，使课程思政得以有效实施。

（1）知识目标设计

高校专业课程知识目标是指教师希望通过教学，使学生掌握的专业理论内容。专业课程中的知识具有丰富的育人价值，对学生的思维和智慧具有启迪功能，因此选取过程中需要重视那些与专业密切相关的、具有专业价值的知识，使学生通过课程的理论学习，掌握专业的核心理论知识，形成良好的认知习惯。由于高校学生生源层次的多样性，教师在设计知识目标时应结合实际情况，合理地安排理论内容，使学生能够更好地投入专业学习之中，提升学生课堂学习的自信。知识目标设计应以专业基础知识为主，根据学生的学习情况，逐渐深入。

（2）能力目标设计

高校专业课程的能力目标是指，教师希望通过理论课程的教学，使学生掌握专业技能的期望。对于专业课程而言，理论层面的知识是人才培养的核心及基础所在，学生通过对知识的理解和创新，以及课程实践获得的专业技能，得到操作能力的提升。对于高校而言，其培养的人才不仅应具备扎实的专业知识，更要求掌握专业的核心技能。因此在能力目标设计方面，应重点突出专业核心技能的掌握要求，使学生能够通过实践学习，获得符合社会需求的专业技能。同时结合课程思政理念，教师可以适当引导，通过行业模范案例的介绍，以及企业操作规范的学习，使学生在实践操作中，潜移默化地形成敬业的精神。

（3）素养目标设计

对于高校的专业基础课程而言，其素养目标是指通过课堂教学工作，在传授理论知识和操作技能的过程中，期望能够引导学生建立个人素养和道德品质。素养目标的实现情况是检验课程思政效果的直接因素。因此，在设计素养目标时一定要立足课程本身，结合理论知识要素和专业特点，对专业课程中的育人元素进行有效凝练，在教学过程中通过各种方式进行渗透，让学生在课堂上能够自然地得到思想引领，从而实现课程的素养目标。这是高校培养高素质技能人才所必需的要求。

2. 课堂教学内容设计

课堂教学是高校人才培养的主渠道，课程思政概念的核心是对所有课程中的思想政治教育功能进行深入探索，通过创造性和科学的内容设计，引导学生确定正确的政治方向，树立自己的职业理想，树立正确的价值观并提高个人职业素养。首先，应坚持马克思主义的指导，进行专业基础课内容的设计，在教材的选用、思政元素的挑选方面，应坚持中国特色社会主义教育发展的道路和方向。其次，专业基础课教师根据自己专业课程知识体系的特点，通过课堂教学活动引导学生树立远大、正确的职业理想。最后，教学内容的设计应充分融合专业知识和思政元素，引导学生正确地认识世界的发展形势，明晰中国的发展理念，了解自己的责任和担当，实现学生在专业课程中获得综合素养的提升目标。

(1) 教学理论内容设计

教学理论内容设计要在传授学生理论知识的过程中，引导学生增强爱国主义精神，加深对所学专业的认同，形成良好的职业品质。首先，理论教学内容设计要以增长学生知识为主要任务。教师在选取理论教学内容时应结合学生生源层次特点，考虑学生的接受能力，使学生能够在课堂教学活动中掌握基本专业知识。要挖掘课程当中的核心知识点，发挥课程育人效应，使学生积极地投入课堂学习中，从而更好地学习课程内容。在教学活动中，应始终保障知识传授与价值引领的有效结合与统一，使学生在学习的过程中，有效掌握得到的知识，通过价值观的引导，使学生在课程学习过程中养成良好的学习习惯。其次，理论教学内容设计要从历史变迁、当前形势和专业发展出发，激发学生学习的责任感、使命感和荣誉感，引导学生不断提高自身的专业素养，抓住国家各行业快速发展的机遇，积极寻求自己的个人理想和发展方向，提升学生树立远大理想信念的可行性。最后，理论教育内容的设计要立足专业本身，通过国内外产业和行业发展比较，使学生认识到自己所学专业在国际发展过程中的重要作用，加深学生的爱国主义情怀，鼓励他们在学校认真学习，将爱国精神转化为实际行动。通过丰富的教学形式，引导学生加深对所学专业的认知，培养良好的学习习惯，提升学习主动性。

(2) 教学实践内容设计

教学实践内容设计要在引导学生加强品德修养、引导培养学生奋斗精神、引导学生增强综合素养方面开展。首先，实践教学内容设计要有创新意识，要从国家、社会、个人层面对社会主义核心价值观进行细分。根据高校自身的特色，在实践课程内容中挖掘与社会主义核心价值观的结合点，在课程标准中对道德和能力等方面做出明确的规定，形成有效的指导标准。其次，实践教学内容设计要把专业技能教学和奋斗精神结合起来，重点引导学生不怕苦、不怕难，勇于挑战、克服技术难题，立志成为爱岗敬业的技能型人才；应挖掘专业行业中的知名企业发展故事，结合企业文化，让学生了解每一个成功的背后所付出的努力，鼓励学生好好学习专业技能，养成自强自律，艰苦奋斗的职业品质，这是每一位学生实现个人价值的最佳路径。最后，实践教学内容设计要重在增长学生的"能"。一方面是要抓好专业技能教学，把前沿的专业知识与先进的专业技能结合起来，让学生通过学习掌握专业核心技能；另一方面提升学生技能应用能力，将理论知识通过实践操作，运用到实际工作之中，使学生成为专业技能强，个人素质高的学生。

3. 课堂教学过程设计

课堂教学过程是根据专业人才培养方案和课程标准，通过教师的课堂教学和学生的课堂学习活动，完成规定的教学目标，使学生获得专业知识，掌握专业技能，提升文化素养等多方面的教学活动。因此，课堂教学过程不是简单的传授专业知识和专业技能的过程，而是要促进学生全面发展的过程。教师在此过程中应引导学生养成积极主动的学习态度，爱岗敬业的职业精神，以及从事创造性活动的能力。在教学过程中，引导学生形成正确的世界观和积极向上的品格。传统的课堂教学过程设计偏重知识技能的教学，而忽视了人格素养的培养，课程思政理念的提出，正好完善了课堂教学全程育人的目标，为高校培养高素质人才提供了有效保障。

（1）课前教学过程设计

课前教学过程设计主要涵盖教师准备和学生准备两个层面。教师必须认真研究教材内容，熟悉课程知识点，明确课程的三大目标及重难点，设计科学合理的教学过程。在准备课程内容的过程中，教师应根据课程知识体系，梳理合适的育人内容，并将这些内容科学地融入专业课程之中。教师应根据班级学生学习情况，提前分配预习作业，以便学生养成良好的学习习惯。学生可以通过预习，初步了解课程的理论内容，有利于课堂教学活动的开展。

（2）课中教学过程设计

课中教学过程设计可分为导入环节、讲授环节、实践环节及总结环节。导入环节中可以设计点名和师生互动环节，培养学生的礼仪和时间观念；讲授环节可以根据课前的准备，结合专业知识，通过案例分享等多样化手段调动学生的听课效率，提高学生学习兴趣；实践环节可通过现场演示、任务布置等形式开展，一方面可以提升学生的专业技能，另一方面可以实现社会主义核心价值观的有效渗透，从而有效培养学生的工匠精神；总结环节可以通过师生交流分享本次课程的收获和体会，教师可以对课堂表现较为优异的学生进行表扬，为班级树立学习的榜样。

(3) 课后教学过程设计

课后教学过程设计要求学生认真完成课后作业，以及积极进行专业技能训练与社会实践活动，以加深课堂学习内容的巩固。学生的学习习惯、课堂听课效率及专业基础薄弱等问题，一直以来都是教师面临的主要问题。因此，课后教学环节的设计，不仅有助于提高学生对专业知识进一步掌握，更有利于培养学生持之以恒的学习自觉性。

4. 课堂教学方法设计

课堂教学方法是指教师在课堂教学活动中为完成特定的教学目标，提升学生学习效果，采用的各种活动方式的总称。教学方法是教师教学与学生学习之间的重要纽带，是完成教学工作的关键条件，也是提升教学质量的核心保障。课程思政理念下的课堂教学方法设计应结合学生和学科特点进行研究，通过现代化的教学技术进行创新，实现教学效果的显著提高。通过教学方式的创新，一方面可以使枯燥的课程内容变得生动有趣，从而提升学生听课的专注力；另一方面可以更有效地促进课堂互动，使课程知识越来越清晰，思想引领越来越深入，课程思政的效果更加显著。

(1) 小组教学法设计

小组教学法是将学生合理划分为不同学习小组，为完成相应的目标而构建的学习模式。目前高校的项目化教学大多采用小组教学形式，与传统的教学方式相比，小组教学法在课堂气氛、同学间的交流、师生间的交流等方面优势更加明显。实践证明，语言类专业课程可采取分组对话进行课堂练习，提高学生的口语表达能力；工科实践课程因实验室操作设备有限，分组教学可以使每位同学都能得到训练，充分利用了教学资源；艺术设计类专业课程通过小组教学，可充分调动学生的创造力，提高设计作品质量。通过小组教学法设计，教师可根据课程内容布置小组任务，使学生积极参与课程活动，引导学生，并帮助进行科学地探讨；学生通过小组讨论、小组合作等形式可以更好地巩固新知识，自然地培养学生的团队意识，不仅提升了学生的沟通能力，同时还能发挥每个成员的优势，反思自己的不足，从而全面提升学生解决问题的能力。由此可见，小组教学法的应用，可以使课程思政理念在教学过程中顺利体现，实现高素质人才培养目标。

(2) 案例教学法设计

案例教学法是利用真实典型的事件所编写的情景，通过课堂讨论、分析、研究等教学活动，完成学生对其内涵的认知，从而完成教学目标的一种方法。案例教学法的设计实施分为三个阶段。首先，教师应根据课程教学的目标、知识内容、学生特点等方面来挑选合适的课堂教学案例，比如医药类专业可选择新冠疫情防控期间的真实案例，使学生加深对所学专业的使命感，通过教师引导使学生明确自己的职业规划，为国家的医药建设做出自己的努力；电子类专业可以选择学生熟悉的华为公司案例，从企业文化、创始人经历、品牌故事等方面的导入，来加深学生的专业认同。教师应提前熟悉案例内容，为案例设计启发性的问题，了解案例涉及的背景及道德规范，明确案例核心观点。其次，在课堂教学环节，教师应根据自己的教学经验，选择合适的时机导入案例，引导学生进行案例学习。以此为基础，教师提出相关问题并引导学生开展讨论。教师应督促每一位学生都积极参与讨论并形成自己的观点，同时要控制好讨论的时间和课堂纪律。最后，教师应鼓励学生概括出案例中蕴含的知识点及道德原理。学生的发言一方面可以检验他们在研究案例过程中的学习效果，另一方面可以发现他们在分析过程中的表现和收获。根据学生的发言，教师应做出总结，指出学生在讨论和发言过程中的优点及不足，同时以简明清晰的方式揭示案例中蕴含的理论，通过提炼让学生进一步体会案例中的道德内涵。

(3) 情境教学法设计

情境教学法是指在课堂教学过程中，教师可以根据特定的情感色彩或形象，有意识地创建生动、具体的场景，以唤醒学生的体验感，从而帮助学生理解课程内容的一种教学方法。例如课堂游戏、角色扮演等形式都包含在教育内容的具体情境中，使学生可以自然地获得价值引导。课程思政教学中，必然会涉及一些基本的思想政治教育知识点的讲解，这些知识点在思想政治理论课中也有涉及，但脱离了情境就无法使学生理解。对于教师而言，应厘清这些思政内容与学生目前的认知情况、生活经验和社会关系之间的关联，更好地推进思想政治教育。实践证明，学生在模拟的环境中更容易接受知识的灌输及价值观的渗透。

5. 课堂教学评价设计

课堂教育评价是指对课堂活动和教育效果进行价值判断的过程，通过收集到的相关数据，运用科学合理的方法对教育过程进行衡量和分析的过程。由此可见，课堂教学评价必须基于一定的标准才能实行，完善课程思政课堂教学评价体系，是促进课程思政有效实施的必备条件。那么在课程思政理念下，如何科学合理地设计课堂教学评价体系？首先，要坚持评价态度客观，评价时认真负责，确保公平公正；评价方式应根据高校不同专业课的特点，选择与之相适应的评价方式，同时确保各项评价内容的规划性。其次，课程设计评价工作的开展应随时间不断革新，高校开展课程思政的目的是培养高素质人才，因此评价设计应根据学生在学习过程中的收获和问题进行调整。最后，课堂教学评价的设计要全面。一方面对于思政元素评价应分层次，从低级到高级——查验学生通过课堂教学达到了何种层次；另一方面对专业课开展评价，应将专业知识、素养、能力等多样化层面进行有效涵盖，从不同角度设计不同的评价标准，通过师生互评得出评价结果。通过实践研究，从教师和学生两个角度进行课堂教学评价设计。

(1) 教师教学能力评价设计

教师的教学能力，是指教师运用教科书、其他有关教学材料，或采用某种特方式从事教学，实现教学目标的能力。通过相关定义可知，教师的教学能力包含了教材的选用能力、教学目标凝聚能力、课程实施能力、课程教学设计等多方面。教材是教师教学的依据，也是学生学习的依据，不同的教材在专业知识表述、素养知识的设计等方面都有差异。因此教师在选用教材的时候应充分考虑教材的内容，是否有利于课程的教学与学生职业素养的教育。

学校管理部门应成立教材选用考核小组，评价的内容要从两方面考虑，一是是否符合课程内容的需求，二是是否适合班级学生的认知发展水平。课程的教学设计是根据教学内容和教学目标开展的，由于每个教师的人生观、价值观、思维方式不同，即便是同一门课程的教学内容，不同教师的设计也将出现显著差异。所以针对教学设计开展评价时，应对价值观、态度、情感等问题保持高度关注，制订合理的标准，评价教师处于哪一层级，并提出改进意见。课堂教学实施是教师采用一定的教学方法，将课程思政理念融入教学内容的一个过程。课程思政想要达到一定的效果，教师发挥着至关重要的引导和推动作用。要评价一门专业课课程思政的实施情况。首先，要评价教师在备课时是否有意识地将思政元素融入专业知识和技能教学中；其次，要评价教学实施过程是否将职业道德展现出来，是否达到预期目标；最后，要评价课程教学实施效果，可从学生角度出发，在专业课中设计实施课程思政理念前后的对比方案，进行比对得出评价结果。课程教学目标的确定，是一堂课实施的起点，教师应根据不同的课程特点，凝练出每一堂课的知识目标、能力目标和素养目标。课程思政理念要求将专业与道德相结合，因此在评价时应考虑素养目标的内容，是否符合本领域要求的职业操守和道德规范。

(2) 学生学习效果评价设计

对主体的评价可以分为两个方面。第一，是学生的自我评估。学生自我评估是学生根据学习过程中特定的评价目标和评价标准，对自身学习、发展的不同层面进行评价，学生自我评价对自身的成长和发展非常重要。因此在评价活动中应遵循相对共性的流程，首先，要确定自己的评价目标，可结合教师的教学目标来设定；其次，要制订相应的标准，作为参照和依据；再次，通过有效的信息反馈，及时调节自身现状和标准之间的距离；最后，通过自我矫正来完善自己、发展自己。第二，外部对学生的评价。同学、家长、教师等均是对学生开展外部评价的主体，他们对学生的学习情况和思想动态有着较为全面、深入的了解，可通过评价反馈为学生指出正确、合理的发展途径。任课教师可通过课程考核和课堂观察，评价学生获得专业知识和专业素养的情况；家长可根据日常生活对学生的自主学习情况、行为习惯等方面的了解进行评价反馈；同学可通过平时小组讨论等课堂活动对学生进行团队意识、团队协作、沟通能力等方面的评价反馈。只有上述两种评价方式共同进行，才能更加全面地了解学生通过课程思政在专业课程中的运用，获得的思想道德方面的引领价值。通过评价反馈，使学生了解、掌握、消化、融合专业课程包含的思政元素，从而进一步提升职业素养。

第二节　通识课课程思政教学实践

一、通识教育中的课程思政

通识课程是高等教育课程体系的重要组成部分，它作为专业课程的补充，能够在一定程度上缓解"专才教育"导致的人才培养困境，是改善育人现状的有效方式。通识教育的核心理念是"全人培养"，即通过非专业、非职业性的教育，凝聚核心价值观，突破学科藩篱，传递共有知识，以期培养具有健全人格、独立思考、知识通融和责任担当的现代公民，是课程目标、课程内容和课程理念的统一。而课程思政通过在各类课程中有意识、有计划、有目的地设计教学环节，以间接、内隐的方式将理想信念、道德规范等价值观念有机融入教学过程，开展思想政治教育实践活动，是一种全员育人、全课程育人、全方位育人的教学理念。通识教育是课程思政的理想载体。

第一，从教学目标来看。通识教育的目标是提升个人综合素养，实现全面发展；而思想政治修养和道德情操素养是课程思政培养的主要目标，恰好也是个人综合素养最重要的组成部分。两者在价值塑造、知识传授和能力培养"三位一体"的教学目标上存在很大的交集，是知识育人和立德树人的统一。

第二，从教学手段来看。通识教育通过自然科学与人文社科的交叉融合，潜移默化地传承科学精神、培育人文素养、树立价值取向；而课程思政意在用渗透性的方式把思想政治教育润物无声地传递、耳濡目染中熏陶。两者在隐性德育模式上存在契合，可以避免"贴标签""两张皮"，是显性教育与隐性教育的统一。

第三，从课程建设来看。通识教育课程经过试点与发展，已经形成相对成熟的课程体系，通常以公共基础课程的形式呈现；而课程思政不用增开课程，修改课程体系，它实质上是一种课程观，通过挖掘原有课程中的思政元素，引导学生对知识背后的逻辑、价值、精神等进行思考，从而将正确的价值追求和理想信念传递给学生。两者在课程建设上具有高度的融合性，是延续性和建设性的统一。

第四，从教学成效来看。课程思政的教学成效缺乏明显可见的展现方式和科学可靠的检验方式；而通识教育追求知行合一，通过课堂表现、论文总结等形式反映"知"的掌握情况，通过文艺活动、科技竞赛、创业活动等方式表现"行"的实践情况，给课程思政提供了外显与检验的载体，而课程思政又给通识教育提供了新的考评指标。两者在教学成效上相互补充互为依托，是知识能力本位与人格本位的统一。

由此，在通识课程中开展课程思政应紧扣两者共融共通之处，充分发挥通识课程的载体作用，回归育人初心，重构育人内涵。

二、通识教育课程中融入课程思政的必要性

（一）是专业发展与人才培养的需求

通识教育在国内开展较晚，且对通识教育概念及具体内容至今也未达成共识。但越来越多的学校认识到通识教育的重要性，目前国内开展通识教育较好的仍然是普通高等教育。如南京大学包含数学、物理、天文、化学、生物、计算机在内的大理科通识教育，包括经济、商学、法学、新闻在内的应用文科通识教育等，以中西合璧、贯通古今、融汇文理为基本理念，以开阔学生视野、提升综合素质为培养目标，建立校内不同专业的通识课程体系。

从提升学生综合素质的角度来看，通识教育有着不容忽视的重要作用。随着我国二胎开放和老龄化社会的到来，以及"大健康"观念的深入人心，国内家政、养老等产业快速发展，而高素质、高水平及复合型的家政、医养及康养型人才的需求也与日俱增。在具体的教学实践过程中发现，学生对通识教育课程的接受度较高，反应良好，这对于提高学生的素养起到了重要作用。同时，随着课程思政对学生素质提升的优势的显现，从培养人的角度及通识课程建设实际，在通识教育课程中开展课程思政，可以在传授知识和提升能力的同时，更好地健全学生人格，以及塑造其正

确的世界观、人生观和价值观。

（二）是教育目的体现与理念变更的需求

各高校在高水平专业群或专业团队建设过程中，通过各种途径对培养方案进行实践与优化，内容渐趋完善。通识教育的开展基本可以涵盖各个专业，然而通识教育课程的数量却较少。通识教育作为一种以人的全面发展为逻辑起点的教育理念与实践，在引导学生提高格局，放眼世界，关注全球发展的同时，立足本地区、本行业及本专业发展实际，培养具有国际视野和家国情怀的高水平人才。这与课程思政在总体目标上相通。通识教育在中国普通高校的实践探索已初具规模和风格，为课程思政打下了良好的基础，但在课程理念、课程思路、课程实践上有待进一步深化提升。

（三）是职业的细化与行业发展的需求

随着《国家职业教育改革实施方案》等国家一系列的职业教育顶层设计的方案颁布，职业教育进入快速发展阶段，不少学校纷纷开展校企合作办学。职业院校有成熟的人才培养模式，企业有人才需求和实用的技术体系，而通识教育是职业院校结合企业实践技术前沿，而发挥自身培养优势的有力抓手，是对行业现实需求的最好回应。

从课程思政的为谁培养人、培养什么样的人、如何培养人根本问题出发，职业教育过程中也可以通过利用通识教育课程中学科交叉的特点，结合国内通识教育课程开设过程中的优点，坚持科学性与人文性并重，不断创新课堂教学的方式方法，理论联系实际，与时俱进，为其他课程的设计和开发提供思路。

二、通识教育课程的思想政治教育价值

通识教育作为教育的一种，旨在在现代多元化的社会中，为受教育者提供通行于不同人群之间的知识和价值观，包括人文科学、社会科学、自然科学、艺术等，是马克思主义"人"的全面发展的应然表现，可发挥润物无声的思政教育功能。具体而言，通识教育之于思政教育的价值是多方面的，其本质是启迪心智、开发思维，帮助学生在正确意义的建构下，最

大限度地挖掘潜力，形成完善的品格个性，从而创造有价值的人生。从这个视角上讲，思政教育的核心指向亦是促进人的全面发展，建构学生的主体性，使之基于正确价值观导向，与人所生存的人文、自然环境建立和谐的互为主体性的交互关系。因此，通识教育课程有助于揭示和深化对思政教育本质的认知。同时，历史唯物主义视角下，通识教育课程建构的初衷是消解现代社会工具理性之"魅"，是对专业教育的一种有效补充。它以浓郁的人文关怀切入，滋养着学生的心灵，力求培育其更加完善的人格品质，这也是思政教育立德树人根本目标的立意指向。由此看出，通识教育课程有利于促进思政教育目标达成。另外，通识教育课程牵涉到各个领域的科学探索，负载着丰富的内涵意蕴，进一步填充了思政教育的知识体系，一定程度上解决了思政教育与教学计划、课程设计"两张皮"的现象问题。其在国际社会上的有益探寻，有效激发了思政教育改革活力。

通识课程能否有效助力课程思政协同育人的教育实践，一方面取决于对于育人方向的正确把握，另一方面取决于对教学内容的娴熟把握，以及对教学方法的恰当使用。高校通识课程的设置基本上涵盖了自然、人类、社会发展的各个方面，在如此广泛的领域当中，如何凝聚精力开展理想信念教育也是一个现实难题。首先，要制订通识课程教育价值标准，坚持正确的育人政治方向，且突出其育人的价值使命。通识课程的存在及其课程体系的发展完善本身就是为了解决国家长期致力于培养大量专业人才，而导致人被当作"工具"存在的问题，是纠正狭隘专业教育缺陷的课程利器，它时刻提醒着广大教育工作者要给予学生整体关怀。通识教育内容涉及自然界、人类社会诸多方面，要想其达成育人的价值使命，必然需要一个相对客观的通识课程教育价值标准，即坚持育人的社会主义政治方向毫不动摇，致力于培育德、智、体、美、劳全面发展的社会主义接班人；学生在通识课程学习过程中是否能自觉弘扬和践行社会主义核心价值观，并且判断学生对社会主义理想信念的坚守，体现在各项实践活动中的能力是否得到显著提高。其次，要依据学校类型及其优势探索特色、有效的通识教育方式，落实理想信念教育。通识课程相关教师同样要注重教学方式创新，增强教学的凝聚力和吸引力，融合问题启发、课堂师生互动、社会实践等方法，以一种巧妙的方式寓社会主义核心价值观、社会主义理想信念于教学实践活动之中。最后，各高校要致力于共同建设一系列，基于通识课程基础之上的理想信念教育优质课程。目前，众多高校已经推出了较多"中国系列"品牌课程。例如上海市高校的"大国方略""创新中国""中国道路""人文中国""法治中国"等系列优质精品课程，它们紧随时代发展脉搏，围绕学生实际关切的问题开展创新型课堂教学，根植理想信念教育。各所高校创设优质课程要从学校实际情况出发，结合自身的学校层面的人才培养目标和优势学科进行教学资源整合，坚持课程的学术性和育人价值性的统一，呈现出高质量的理想信念教育品牌课程。

理想信念教育是高校思想政治教育的核心，也是通识课程助力课程思政育人的重要环节，并且理想信念绝非抽象的概念，它更体现为广大师生在学习生活实际之中的言行举止。进入新的历史时期，我们能够从总体上感受到当代大学生具有积极健康的心态，并且怀揣着崇高的理想信念。但是，又不可否认当前存在着的理想信念教育在某种程度上的缺失，和理想信念教育效果不佳的事实。由此，在通识课程中根植理想信念教育势在必行，同时，这也是课程思政协同育人在通识教育维度的有益课程探索。教育主体在多元价值盛行、众多社会思潮涌现的复杂意识形态背景下，要密切关注学生的思想动向和价值倾向，在通识课程教学过程中以润物无声的形式，进行正确的价值引领和有效的理想信念教育。

第三节　专业课课程思政教学实践

一、高校专业课课程思政的内涵

（一）高校专业课课程思政的相关概念

1. 专业课

专业课指的是高校根据既定的培养计划和培养目标，所开设的教授学生专业知识和专门技能的课程。其任务是使学生掌握必要的专业基本理论、专业知识和专业技能，了解本专业的前沿科学技术和发展趋势，培养分析、解决本专业范围内一般实际问题的能力。

2. 专业课课程思政

专业课课程思政主要是根据习近平总书记讲话精神等要求,充分利用高校所掌握的资源,深入挖掘专业课中的育人功能,使专业课既能传授知识培养能力,又蕴含思想政治教育理念。在传授专业知识和技能的同时,对大学生世界观、人生观、价值观,尤其是在专业精神、职业道德等方面做出更具针对性的指导,以实现思想政治教育与专业知识体系教育的有机统一,使高校真正成为为中国特色社会主义培养德智体美劳全面发展人才的社会主义高校。

(二) 高校专业课课程思政的基本要素

1. 教师的自身要素

专业课教师,即专业课的授课老师,是实现专业课课程思政的关键。无论是专业知识技能的传授,还是对专业课中所蕴含的思想政治教育内容的挖掘,专业课教师都是必不可少的。专业课教师对大学生的言传身教体现了专业课教师自身的世界观、人生观、价值观,尤其是专业精神、职业道德等,对大学生有着重要影响。本书界定的高校专业课教师是指,高校中承担非思想政治理论课教学任务的教师,以及非专职学生思想政治工作的教师。

2. 课程教学中的要素

课程教学是专业课课程思政的重要环节,其中包含教材和教法两个重要因素。专业课教材是专业课程教学的重要部分,承载着专业课程的内容,是专业课教学的重要参照,同时也是专业课课程思政的基础。教法,即教学方法,是专业课课程思政的手段。专业课教师所挖掘的思想政治教育资源、专业教材所要体现的思想政治教育元素都需要专业课教师采用合理科学的教法传授给学生,方能起到思想政治教育的作用。

(三) 高校专业课的育人功能

完善高校专业课课程思政建设需要进一步挖掘高校专业课的育人功能,发挥高校专业课在思想政治教育中的作用,全面促进大学生思想政治素养。从育人的角度来看,高校专业课的基本育人功能主要表现在以下几个方面。

1. 知识传授

高校专业课有着重要的知识传授功能。一方面，传授专业知识和专业技能是高校专业课程最基本的功能。而专业课在教学的过程中，必然会与社会文化相结合，这也就意味专业课在传授专业知识和技能的同时，还伴随着社会文化的传承。另一方面，专业课教学旨在解决专业问题，而在对问题的分析和研究的过程中，创新思维和创新意识必不可少。专业课在传授知识的过程中，科技文化创新也在不断进行之中，如此一来，专业课的知识传授功能还具有文化创新的价值。

2. 价值引导

高校专业课在大学生的价值引导方面发挥着极为重要的作用。首先，高校专业课教师在日常教学中的言传身教，对大学生的价值观确立有着不可替代的示范作用，而专业课教师对于社会主义核心价值观的践行，也会进一步促使大学生将社会主义核心价值观内化于心；其次，专业课本身所蕴含的专业要求和专业精神与社会主义核心价值观，以及社会主流思想相糅合，充分发挥专业课在思想政治教育方面的浸润作用，使得大学生在学习知识的同时树立正确的价值观；最后，专业课可以增强大学生的价值判断能力，在应对如校园突发事件、社会热点现象等问题时，大学生经过专业课学习之后可以从专业角度出发，对其进行价值分析，进而做出正确的价值判断。

3. 行为规范

一方面，专业课教师的言行举止对大学生有着重要的示范作用。榜样的力量是无穷的。专业课教师是大学生在专业领域的引路人和指路人，更是大学生的榜样。专业课教师在日常生活和教学中，要遵守校纪校规、法律法规，规范自身道德行为，这对大学生有着重要的引导和示范作用。在这样的引导和示范作用之下，大学生会更加懂得遵守校纪校规、行为准则。

另一方面，专业知识的学习对大学生的行为也有着一定的规范和制约作用。大学生通过对专业知识的学习，专业要求和专业精神也会随之内化于心。而在这种无声无息的影响下，大学生的行为举止会不自觉地遵循专业要求和专业精神的规范，从而养成良好的行为习惯。

二、专业课课程思政的育人优势

从理论维度而言，专业课程、专业课教师与学生的联系最为紧密，这是专业课程开展思政教育的坚实基础和优势所在，把握这种优势不仅有助于更好地理解"什么是课程思政"，而且有助于有效地设计"如何开展课程思政"。

（一）寓德于课实现潜移默化

专业知识是人类在追求真善美的过程中形成的，专业知识本身就天然蕴含了丰富的价值倾向和家国情怀等思想政治资源。如人与自然和谐共生意识、责任意识、伦理意识、科学精神、工匠精神、中华传统文化等，这些天然蕴含的元素为思政教育的"精耕细作"提供了很好的"土壤"。因此，专业课课程思政不是专业课程的"思政化"，而是一种寓德于课的因势利导、顺势而为。以专业课程作为思政教育的载体，以专业知识和相关联的项目案例作为思政教育的背景，以启发、引导、认识、领悟作为价值塑造的方式，可以实现思政教育由生硬向生动、老套向鲜活、"势服人，心不然"向"理服人，方无言"的转变，做到育人无痕、润心无声。

（二）专业共鸣激发价值认同

"科学无国界，但科学家有祖国。"专业知识的学习与个人的发展息息相关，专业知识的学习又与社会发展和国家的需求紧密联系，个人与国家的关注度均较高。因此，专业学习是实现个人价值与服务社会、报效国家的一个契合点，由专业知识所生成的价值引领更具有针对性、亲和力和穿透力，由专业共鸣引发的价值共鸣也更容易被学生认同，甚至会影响个人的一生。专业课教师是课程思政建设的主体和主力军，和非本专业教师相比较，专业课教师与学生的经历更为相似，自己一路走来，更清楚学生的困惑在哪里、感受是什么，更容易获得学生的信任，被学生所崇拜。依据人本主义创始人罗杰斯所阐述的"共情"效应，从一个过来人的角度开展课程思政，其所传递的思想更容易让学生产生兴趣，被学生接受。

（三）同向同行提升教育效能

在专业学习的道路上，如果没有契合时代精神的社会主义核心价值观的引领，极易陷入钱理群先生所称的"精致的利己主义"这一陷阱。以马克思主义这一科学的哲学武器和正确的价值观，来引领明晰的专业道路方向，在接受专业教育的同时克己慎独、日省其身，以专业学习夯实价值引导，以价值引导激发专业学习，才能走上成长的坦荡通途。

在专业知识的传授和能力的培养过程中融合思想政治的传播，两者同向同行、交融升华，不仅丰富了课程的内容，而且可以缓解专业和思政单线学习中的审美疲劳、生理疲倦和兴奋减弱，改善单调、枯燥和紧张的授课、听课状态，使学生既有学习专业知识的获得感，又有成长、成才的充实感。既营造了有意思的德育氛围，又激发了有意义的课堂活力，增加了课程的温度和吸引力，提升了"教"与"学"的体验。

三、专业课课程思政教学存在的问题

（一）专业课课程思政与思政课程的关系问题

课程思政理念下的高校专业课教学的实施，需要厘清专业课课程思政和思想政治理论课程二者之间的关联。详细而言，就是相关教学活动开展期间，思想政治理论课程教师与专业课程教师之间的协作与分工问题。

第一，目前高校的思想政治理论课和专业课课程思政的联系不够紧密。大多数院校在教学改革的过程中，虽然全力推进课程思政理念的实施，但在实际操作层面，两者之间的融合依然存在很多问题。专业课课程思政的实施需要思想政治理论的指导，思政政治理论课的深化需要专业课课程思政的推进，两者相辅相成才能得到显著的立德树人的教育效果。因此，高校管理部门应进一步思考，如何将两者紧密联系在一起，共同发挥育人功能。第二，目前高校思政课教师与专业课教师的协作并不明显，大多数思想政治理论课教师认为，只要上好自己的课，即完成了思政育人的目标，并没有想到专业课课程思政的实施，需要他们的支持和完善。专业课课程思政的设计和研究，因缺乏思政理论的专业指导，无法深入挖掘思政元素，课程思政的教学效果也会受到一定的影响。第三，目前高校课程体系开发程度不够。专业课课程思政的高效开展，不仅需要思想政治理论课的指导，还需要合适的教材与之相匹配。传统的专业课教材中并没有体现课程思政的内容，虽然部分专业课教师已经发现这个问题并开始着手课程教材的开发，但因其思想政治理论知识的匮乏，导致教材的开发陷入困境。

以上三个方面的问题，体现了高校课程思政与思想政治理论课之间是相互影响和相互作用的。在推进课程思政的实施过程中，高校管理部门必须正视这个问题，并通过一系列的措施进行改革，才能使两者同向同行，形成协同效应。

（二）专业课教师思政育人能力问题

要在专业基础课中有效地开展课程思政教学，最根本的问题是专业课教师的思想政治素质和教育能力。目前高校对专业课教师的考核标准基本上仍然以专业知识和技能为主，培训体系着重在提升专业课教师的专业教学能力。因此，很多专业课教师虽然本身的专业教学能力较强，但对课程思政理念理解不够充分，从而导致课程思政实施效果不明显。目前专业课教师在实施课程思政教学理念的过程中，存在如下三个问题。

第一，专业课教师育人理念认识不到位。部分专业课程教师认为思想政治教育并非自身职责，同时高校专业课内容安排较多，时间较紧，导致专业课教师在课堂教学中只重视专业知识和技能的灌输，缺乏课堂育人意识。第二，专业课教师思政育人能力不扎实。现阶段高校的专业课教师中，有一部分是具备企业行业工作经验的工程师，这类人员专业技能较强，但由于长期专注于专业研究，对思政理论方面研究相对薄弱，导致其课堂思政育人能力不扎实，无法有效地将专业教学和课程思政有效地结合起来，形成协同育人的作用。第三，专业课教师政治理论水平不达标。例如，部分高校单周举行一次教研活动，双周举行一次政治理论学习，但专业课教师普遍存在会上学习完就结束了，不会再去认真研究相关文件及理论内容，加上平时繁重的课务及教科研工作，导致很多专业课教师存在政治理论学习倦怠现象，认为政治理论学习只是完成一项任务，没有真正去深入探究。从以上三个方面来看，由于高校人才的培养特点，专业课教师重视个人的专业技能教学能力的提升，却忽视了个人的政治理论学习和积累，从而导致专业课中实施课程思政存在一定的阻碍。因此，高校需要及时正视这个问题，提升专业课教师"三全育人"意识，全面提高思想政治理论学习积极性。

（三）专业课课程思政教学设计问题

教学设计是课程思政有效开展的重要环节，必须根据专业课程自身的教学规律，实现专业基础课程教学与学生思想引领有机结合。现阶段部分高校在实施课程思政理念的过程中，由于专业课教师自身的思想政治理论不够扎实，专业课教材中暂未体现课程思政育人内容，加上学生多层次特点，导致专业基础课课程思政教学设计存在一定的问题。目前教学设计主要存在以下问题。

第一，课程思政内容与专业基础课内容的融合性问题。课程思政的理念是在专业课教学过程中实现润物无声的育人价值，核心是对专业课程之中的思想政治元素进行有效挖掘，在专业课程课堂教学期间对其进行有效结合。这是目前专业课教师在教学设计环节遇到的最核心的问题。

第二，专业课教材内容的开发问题。目前高校的专业基础课教材内容大多数还是传统的知识及技能内容，很少加入课程思政内容，导致专业课教师备课难度加大。因课程思政理念的推行是近几年才开始的，教材的开发需一段时间的教学实践才能得到实现，加上教材的开发还依赖于高校教务部门的支持和推进，所以前期课程思政教学设计有一定难度。

第三，高校学生层次多样化问题。不同类型的学生在专业基础课程中的表现也不同，高中生源的学生普遍素质较高，课堂比较自律；而中职生源的学生则基础较差，课堂自控能力较弱。在这样的情况下，对专业课教师的课堂设计挑战非常大，教师应根据学生的情况，结合专业课内容，提炼出有效的育人元素，使得各层次的学生都得能得到潜移默化的教育成效。

以上三个方面的问题，是阻碍专业基础课课程思政教学设计的根本性问题，需要高校相关组织部门进行协调，推进合理化改革，最终才能推动课程思政的有效实行。

(四) 专业课课程思政教学评价问题

教学评价是检验课程思政实施效果及其对学生思想产生影响的重要保障，可以有效改进教学方式和教学设计，推进课程思政的有效开展。但目前来看，无论是对专业课教师的教学评价还是对学生的效果评价，都存在一定的问题。首先，评价主体不明确。因课程思政的教学评价涉及价值观、行为素养、情感意志等多方面的内容，因此其评价主体涵盖学校各部门人员，如专业课教师、班级评价小组、班主任、辅导员等，不同主体有着不一样的标价标准。如专业课教师主要是对学生课堂学习活动中表现出来的对专业的认可度、学习的态度、技能训练的敬业性等方面进行评价。辅导员则侧重于学生行为习惯的转变，从积极性、主动性、自我管理能力等方面进行评价。评价主体的不明确将导致评价无法得出统一系统的结论，从而影响课程思政的进一步开展。

其次，评价方法过于单一。现阶段，高校课程的考核方案主要为终结性考核和过程性考核，而课程思政效果的评价方法暂未给出明确的规定，所以专业课教师只能根据现有的评价体系进行考核，这样非但不能有效地进行教学评价，而且无法准确地获取学生在课程思政理念下改变程度。最后，评价体系不够完善。现阶段，高校在开展课程思政教学改革的过程中，前期侧重于政策的宣讲和教学实践的推行，忽视了教学评价问题。不论是学校督导部门对教师的课堂教学评价，还是教师对学生的学习效果评价，都没有形成系统的评价体系，这是不利于课程思政理念在专业课教学过程中进行改进实施的。教学评价的结果可以有效地改进教学方法，提升教学能力，同时还可以运用到课程教学设计改进、评价体系的完善等方面。因此，高校的职能部门应重视专业课课程思政教学评价问题，加快推进评价体系的建立。

四、专业课课程思政教学实施的有效对策

(一) 加强专业基础课课程思政的教学建设

1. 促进课程思政和思政课程协同发展

在实施专业课课程思政建设的过程中，要明确课程思政和思政课程共

同发展的理念。首先，专业课程教师应对"课程思政"理念进行全面、深入的理解，不能简单地将思想政治理论内容加入专业课的教学过程中，这样非但没有起到育人效果，反而会影响专业课的内容开展。在实践过程中，要提升思想政治水平，践行课程思政理念，真正实现教书育人的教学目标。其次，学校要明确思想政治理论课的主体地位。对思政课程的重要地位予以肯定。课程思政将育人理念贯穿到了教学的全过程，各类专业课程都肩负着育人的责任。挖掘专业课程育人功能，发挥专业课程育人作用，结合课程自身的知识范畴、专业特点和职业素养要求，激发广大教师参与思政教育的积极性，形成全员育人、全过程育人、全方位育人的浓厚氛围。最后，专业课程与思想政治课程教师应相互合作，彼此协助。思想政治老师是思想引领者，政治理论的教育专家，在推行专业基础课课程思政过程中，应提供必要的专业理论指导，同时应参与课程思政教学设计和教材开发。专业课教师是课程思政的践行者，应利用自身的专业优势，通过课堂教学活动，将思想教育内容深化在专业教学过程中，这样的育人方式更容易让学生理解并接受。同时专业课教师可根据专业教学经验，挖掘专业行业相关的育人案例，为思想政治理论教师提供教学素材。

2. 结合学生、时代和专业需求编写教材

教材是教师进行课堂教学活动的依据，是实施课程思政重要的工具。教材的内容在很大程度上影响着教师的教学效果，进而影响课程思政的实施进程。随着时代的快速发展与新的教学理的念更新，教材的内容也应不断更新迭代。课程思政理念的推行，正是符合我国新时代国情、国策的。因此，基于课程思政理念下的教材开发，应结合中国特色社会主义道路、理论、制度和文化，为社会主义现代化建设目标服务，同时也应涵盖符合学校特色的专业知识和思政元素。首先，课程思政理念下的专业基础课教材开发应紧跟时代发展，坚持正确的政治方向，把中国特色文化和制度有机渗透到教材内容之中。同时可以结合院校特色，将素质教育、爱国主义教育、法治教育等思政元素结合专业特色，有选择地加入教材体系中。其次，课程思政理念下的专业基础课教材编写应结合学生特点，选择适合其职业发展、对其素质提升有促进效用的元素。如学生对专业认识不清晰，缺乏合理的职业规划，教材编写时就可加入职业发展的内容，以增加学生的专业认同感，提高学生学习的主动性，达成专业课育人目标。最后，课程思政理念下的专业基础课教材编写应根据专业特点，挖掘思政元素，设计更有利于课程思政理念实施的教材内容体系。不同的专业基础课蕴含的育人元素不同，比如在编写经济管理类课程教材时，应侧重于加入敬业诚信、企业家精神、国家发展的历史文化等精神层面的知识，使学生在上专业课的同时获得精神内涵的提升，从而树立良好的职业道德；在编写电子计算机类课程教材时，应侧重于加入专业前景、行业知名企业文化、职业素养等人文情怀的知识，使学生加深专业认同感，增强爱国意识。院校应以自身办学特色为基础，根据国家和行业的发展趋势，开发有利于各类专业基础课程实施课程思政的教材，以便于专业课教师教学，从而有效地实现立德树人的任务。高校推行课程思政建设，不仅需要校党委工作部和教务主管部门的顶层设计和统一规划，还需要各专业教师的参与，根据不同专业的知识体系，以及学生的生源特点，凝练出各课程的育人目标、元素和方法，为课程思政的开展保驾护航。首先，课程思政的实施需要以课程教学目标为依据，高校的课程目标分为知识、能力、素养三方面。课程思政的理念在专业基础课中的实施便体现在素养目标之中。对于高校来讲，无论哪一门专业课程，根本目标都是培育技能应用型人才，而实施"课程思政"，则是将此目标提升为培养高素质技能应用型人才。通过专业教育，使学生掌握行业相关的规范与道德，培养学生遵守职业道德和规范的职业精神。其次，在确定好思政育人目标之后，对于思政育人元素开展全面、深入的探究。相关工作开展期间，应对专业课程开展妥善合理的结合，通过思想政治理论教师的指导，从课堂教学的各个环节进行凝练，最后通过讨论和分析，确定符合专业课程实施的思政育人元素。选取的思政元素一定要紧密与专业课程相结合。最后，将课程育人元素通过课堂教学有效的呈现，实现课程育人优势。借助课程思政的融合性和隐教性特征，专业课教师在教学过程中要不断渗透课程思政的元素，引导学生学习专业知识的同时获得职业素养的提升。

3. 将理论与实践相结合，达成知行合一

只有将课程思政在课上、课下全方位推进，才能保证思想政治教育由外化转为内化。在课程思政教育实践教学中，要在内容和形式上有所创新，就要整合更多的实践平台。一是要处理好第一课堂和第二课堂之间的关系。第一课堂是核心，第二课堂为第一课堂提供补充和帮助，将两者结

合使大学生思想政治教育更加生动活泼，也让学生得到全面发展。二是实践课程思政育人的内容和形式需要进一步创新。在开学初，对学生的思政教育要深刻且有意义，在学生日常学习中要贯穿各种各样的思政教育形式和内容来影响大学生，同时要结合大学生思想需要和特点，挖掘具有意义、参与感的活动。比如，开学的军训、"入学第一课"、学校文化学习等各种活动，在日常思想政治教育中的团日活动、社会公益、勤工俭学、爱国主义教育基地参观、"三下乡"等活动，都要根据学生发展规律，开拓具有意义的活动形式。三是课程思政实践育人的受众面需要广泛，以育人为本，突出实践的目的。大学生课程思政教育的实践活动，不能只为个别学生的需求而设计，需要根据大部分学生的需求，展开具有普遍认同感的形式。

（二）加快完善专业课课程思政师资队伍建设

1. 加强专业课教师对课程思政的认识

专业课教师普遍认为思想政治理论教育是思政课教师和辅导员的责任，专业课程教师的任务是专业知识和技能的传授。所以，不断加强专业基础课教师对课程思政的认识，是落实课程思政建设的前提。一方面，高校应组织专业教师通过会议、讲座和培训来学习党和国家的有关政策和精神，深化专业教师对课程思政概念的理解；另一方面专业课教师应积极响应学校课程思政教学改革理念，在自己的课堂实践中加深对其内涵的理解。课程思政不是简单地在专业课程教学活动中加入思政元素，课程思政有益于提升专业课程的教学质量和教学效果，使专业课教师自然地产生认同感。此外，通过课程思政在专业课程中的实施，唤起专业课教师教书育人的初心。专业课教师在推进课程思政实施的过程中，可以选取与专业知识相关的并带有德育因素的教学案例，让学生通过网络的方式进行提前的预习，提升学生对课堂的兴趣，有效落实课程思政理念。

2. 提高专业课教师思想政治理论水平

专业课教师不仅要有深厚的专业知识和技能，还需要不断提升自身的思想政治理论水平，正确认识知识传授和价值引领之间的关系。目前高校对专业课教师的思想政治理论提升，主要有以下几个方式。第一，学院常态化思想政治理论学习。利用集中会议的形式，组织教师学习最新的教育教学文件及重要会议精神，通过学习提升教师对国家政策、教学理念的认识。第二，发挥本校思政教师的引领作用，加强思政老师和专业课教师的联系。学校可邀请思政老师针对自己专业的情况，开展相应的专题讲座。第三，线上线下培训课程学习。高校职能部门可以根据实际情况，鼓励专业教师积极参与思政理论培训，培训后可在自己院系进行分享交流，扩大受益面。专业课教师个人的思想政治理论水平，关系着课程思政的实施效果。因此，职能部门应提供多样化的培训模式，指导他们掌握基本的理论内涵，坚定正确的政治方向，有效地提升专业教师的思想政治理论知识。

3. 提升专业基础课教师课程思政教学能力

专业基础课教师专业及学术研究方向大多与所任教专业课程相关，专业基础课课程思政教学要求将思想政治理论，运用于专业知识传授过程之中，这就要求专业基础课教师具备扎实的课程思政教学能力。只有具备扎实的理论基础，才能更有把握地实现课程育人目标。部分教师是非师范专业毕业的，其有着丰富的专业知识，但缺乏课程育人能力，因此要结合学校办学特色及学生生源特点，在课程教学中融入课程思政元素，将课程思政与知识相结合，实现课程育人功能。一是从我国传统文化中寻找与专业课程的结合点。通过小事体现为人处世的真理，通过小人物呈现伟大的爱国情怀。21世纪是知识经济时代，与此同时，现代化的信息技术在社会各个领域的应用在逐步扩大，再加上经济全球化的作用，对我国高校教育的改革发展产生了极大的影响，其中一个非常明显的表现就是高校教育出现了"随波逐流"的问题。目前部分高校学生缺少对中华传统文化的认知，也不不了解传统文化的精髓所在。在课堂学习之外，由于受到诸多外来文化的影响，其对传统文化不具备正确客观的认识，缺乏学习兴趣，也不具备传统文化观念，这样不仅会影响其对传统文化的认同，还会影响传统文化的继承和发扬。传统文化可以说是物质与精神遗产的综合体，必须在当代得到传承和发扬。要充分挖掘传统文化中的积极要素，并使其能够融会到高校课程思政观念中。立德树人是高校的根本任务和伟大的教育使命，中国传统育人观念中包含大量的积极要素，这些都是非常值得挖掘、继承和创新发展的。通过将这些要素融入大学精神，能够为高校课程思政教育提供强大的动力。将优秀的传统文化当作大学精神之"根"，并用现代文明"土壤"对其进行"培育"，实际上就是想让传统文化中的有效元素和课程思政理念融合成一个整体，进而长出属于高校自身的"精神大树"。二是深刻剖析社会主义核心价值观，将其加入各类专业基础课程课堂教学中，帮助学生解决理想模糊、价值偏差等不良状况，引起学生对社会热点、痛点等新闻的关注，提高他们个人道德的同时对其责任意识进行有效养成。三是专业基础课教师应提高把握思政教育规律的能力。具体而言，课程思政教育是做人的工作。因此，有必要深刻理解思想政治教育的客观性，并把握教育教学规律，以学生为中心，将热点问题融入课程教学，并通过问题导入来回应青年学生关切。例如，经管类课程可以纳入政府为何采用有针对性的减税减费政策，并实施稳定而灵活的货币政策的内容等。通过课堂教育的有效融入，辨析中国和国际的发展差异，并以全面、客观的方式了解今天的中国与外面的世界，与时俱进，不断创新。课程的教育目标应紧紧围绕党在新时期对人才的新要求和新挑战，培育高素质创新性的专业人才。

（三）优化专业基础课课程思政保障体系

1. 加强顶层设计，完善课程思政管理中层架构

课程思政是在教学理念及实践层面进行的合理有效的创新，这项工作涉及教师考核、教学改革等多方面的内容，牵涉校党委工作部、人事处、教务处、马克思主义学院等多部门协同推进，因此高校必须加强顶层设计，理顺课程思政整体工作思路，合理分工，形成科学高效的工作机制。毛主席曾经说过："政治路线确定之后，干部就是决定因素。"高校课程思政教育理念是国家对教育的要求，需要学校干部的落实。国内各高校课程思政顶层设计架构基本相同，即校党委书记为第一责任人，分管校领导为分管负责人。框架内具体划分各校区别很大。高校必须根据校情实际，明确到底是由校党委宣传部、教务处、马克思主义学院等哪一部门，来负责本校课程思政的管理和协调。一方面要统筹兼顾，做到横向协作、各司其职、齐抓共管；另一方面要极力避免"各司其职"的分工造成"五龙治水"局面，导致出现成绩、成果，各部门"蜂拥而上"，出现问题、难题则分别维护本部门利益。所以，在高校课程思政中层管理架构内必须明确指定唯一的部门（学院）来负责管理、协调课程思政在本校的落实，并给予充分的管理、资源配置权限。高校课程思政管理中层架构中，校党委宣

传部、教务处、马克思主义学院等重点实施部门，应细化明确参与课程思政管理、协调及指导人员的权责，严格按权限实施层级管理，提高工作效率。上述中层部门课程思政权责可细分为：部门（学院）正职为第一责任人、部门（学院）分管副职为直接责任人、落实课程思政的科室（学系）主任为工作负责人。校党委的职责之一是宣传和执行党的路线。课程思政作为国家提倡的教育理念，需要通过校党委的带动促使其在高校的落实与推动。高校应立足自身办学特色和学生特点，将专业课程作为载体，构建符合其要求的课程思政体系。相关领导人员应对课程思政保持较高的关注，明确自己的主体责任；教务处应配合加速课程标准的修订，教材的开发及教学技能的指导；人事处应根据教务处的改革进度，制订出相应的激励机制，从职称评审、干部提拔等方面，调动专业课教师参与课程思政实施的主动性。

高校的二级学院应明确建设职责。对于课程思政管理、协调及指导部门，二级党组织书记为第一责任人。同样在高校管理体系内，数量相对较多、具体负责教学实施的二级院系第一责任人，也应是相应的党组织负责人。党员教师必须服从所在院系党组织的工作安排，如有异议，可通过正常渠道向上级有关党组织反应；非党员教师，由二级院系党组织中的相关人员来加强管理和协调，并及时向上级部门汇报工作情况。二级学院是推行课程思政建设的直接职责部门，应根据自己的专业特色、师资现状组建合理高效的实施团队，制订符合专业特色的课程思政实施方案。专业课程领域中课时量长期稳定，且任教教师较多，实施课程思政的团队能力相对更加凸显。各部门应紧密沟通，随着课程思政在专业基础课教学中实践情况，进一步完善制度修订。

高校应设立党委教师工作部。思想政治工作对象包含学生群体，也包含对全体教师的价值引领和政治教育，因此，在学校中层管理组织框架内成立专门的教师管理、思想教育负责部门很有必要。传统意义上，学校教务处负责教学和教师管理，但现实中教务处却只负责本科生教学。因此有些高校通过成立"本科生院"来替代原先"教务处"的职责，研究生教学则早有"研究生院"。高校课程思政实践无论是教务处负责管理、马克思主义学院负责牵头还是各二级学院独立运行，学校应在校党委统一领导实施的框架内，设立党委教师工作部来专门负责对课程教师的统一管理，来加强党对教师队伍的统一领导，尤其是立德树人理念的思想引领。

2. 完善课程思政建设评价体系

课程思政评价体系能帮助教师反思教学中的不足，更好地优化他们的教学方法和内容，并激发学生的学习积极性，有助于课程思政进一步的推广。专业课教师应通过评价体系反思课程思政教学中的问题，如课程思政实施的时间点是否恰当，与专业知识的融合是否合适等。针对问题应及时找出应对策略，优化专业基础课程的课程思政设计。课程思政是一个潜移默化的过程，可能短时间无法做出准确的评价结果，因此要采用过程性评价方法，根据学生情况制订合理的评价标准。评价工作开展期间，应将发展作为评价原则，通过价值观、态度、情感等层面对学生的发展保持关注，为学生建立个人发展档案，根据动态变化进行评价。要科学设定评价主体。由于课程思政的建设涉及多方面，很难将学生的发展归结于哪一方面的工作，因此它的评价主体呈现多元化的特征。专业课的课程思政评价应以专业课教师为主，思想政治理论课和辅导员为辅，通过教学活动和管理活动共同推动开展。

随着教育理念的改革和创新，课程思政下的课堂教学理念更加注重教学目标和教学效果化，可以通过合理的教学行为来改进课堂教学效果。

（1）课堂教学目标的评价标准课堂教学始终是一个长期的过程，教师始终处于一个主导的地位。随着课堂教学方法的不断改进，诸如慕课，翻转课堂等课堂形式的出现，不断地刷新传统的课堂教学理念，教师的职能也从原来的单一教学，变换为学生为主体的教学方式，评价方式也从过去的只针对教学行为、教学方法、教学内容等方式，变换为思想教育、课程设计理念、语言表达、解决问题等思维方式。

（2）课堂教学方法评价标准教学方法是每一个教师在课堂上根据教学内容而开展教学活动的具体表现，涉及课前的组织实施到课中讲解，以及课后指导。而现代教育理念要求教师和学生处于同一个平等的地位。现在的课堂的评价教学方法应该转变传统的单一评价理念，将重点关注教师在思政的背景下能否从过去大单一的进行知识传递转换为学生学习掌握的促进者，使学生的思想始终与当代国家对于大学生的要求一致，是否能够充分的调动学生主动参与教学过程，能否通过这种思政教学方式引导学生在正确的思想指导下的主动探索知识的能力。

课堂活动具有较强的专业性和不同性，因此不同学科的课堂评定标准无法使用统一的方式来进行价值判断，同行评价可以做出非常专业的评价，能够及时发现问题，更容易发现问题，给出更加专业的指导意见，同行之间可以在课后进行互评。在领导干部评价方面，一般分为学校，分院两个层次的评价，对于领导干部的评价，应该更加重视，而分院领导对专业课程更加熟悉，在期中和期末过程对全院教师的课堂教学评价进行检查，促进教师之间教学方法的相互沟通。

3. 优化"课程思政"教学环境

专业课教师需要通过各类培训提升自己的思政意识、思政理论知识以及思政教学能力。学校应统筹规划，各职能部门应充分认识到专业基础课程实施"课程思政"的重要性，提升学生课堂学习的积极性和主动性。通过各种类别的教学手段，增强课程的吸引力。比如，电子类专业基础课教学过程中，用国内知名企业"华为"公司案例导入课程，学生比较熟悉容易接受。同时，在讲授知识点的过程中，可结合华为公司的相关产品进行融合，引导学生学习专业知识的同时对本专业的职业规划有更清晰的认识相关部门应建立相应的激励机制，鼓励专业课教师积极申报课程思政类研究课题和教学能力大赛，对突出表现者提供相应奖励。

4. 建立和完善实施制度，加强课程思政资源保障

坚持责任主体同时也是权力主体的理念。在学校内部，对于课程思政直接负责的校级部门要授予教师管理、教学管理及课程思政资源（包括人力资源和财力资源）调配的直接权力，没有教师管理权限的部门很难担当起课程思政推进职责。比如新设的"党委教师工作部"加强对教师的日常管理，并给予惩处和嘉奖权，避免政治不合格、道德水平低下的教师承担教职。投入与对应责任相匹配的资源。课程教师所对应的日常管理、教学管理通常也在二级院系。一所学校，校级层面的资源调配与统筹往往较为顺畅，但是在二级院系，其资源的获取能力、分配水平经常是不均衡、矛盾突出的，甚至职责难以明确。尤其是当前课程思政教学改革与教师所承担的学科利益、科研成绩、职称晋升等无直接联系的状况下，二级院系若对本部门教师课程思政实施缺少相应投入或应有关注，会导致"做与不做一个样"，教师履行课程思政教学改革的积极性就会严重受影响。

参 考 文 献

[1] 李俊佳. "课程思政"背景下高校辅导员与专业课教师协同育人工作研究[J]. 工业技术与职业教育, 2021, 19 (3): 86-89.

[2] 胡金富, 程艳. "三全育人"视角下高校课程思政建设的问题与对策[J]. 昌吉学院学报, 2021 (4): 34-38.

[3] 颜丽, 赵彩珍. 深化课程思政建设 推进高校思想政治教育[J]. 共产党员 (河北), 2021 (18): 41.

[4] 高峰. 新时代高校课程思政内涵及实施路径分析[J]. 湖北开放职业学院学报, 2021, 34 (17): 82-83.

[5] 张晨静. 高校"思政课程"与"课程思政"协同育人的路径探索[J]. 长春大学学报, 2021, 31 (8): 65-68.

[6] 叶安胜, 赵倩, 周晓清. 新时代背景下"大思政"育人格局的构建与探索[J]. 中国大学教学, 2021 (7): 16-20.

[7] 张欣. 对辅导员"新三同"工作模式的思考[J]. 现代交际, 2021 (10): 144-146.

[8] 杨帆, 耿瑞. 创新高校思政课程和课程思政协同育人机制探究[J]. 中学政治教学参考, 2021 (20): 46-49.

[9] 申源源. 高职院校学生思想政治教育的理论与实践——评《高职院校大学生思想政治教育研究》[J]. 热带作物学报, 2021, 42 (5): 1547-1548.

[10] 张莹. 高校课程思政建设的问题与对策研究[J]. 大学, 2021 (20): 34-37.

[11] 胡金焱. 创建"一二三四五"育人体系的探索与实践[J]. 中国大学教学, 2021 (5): 10-14.

[12] 吴仪. 高校组织育人的功能及实现路径研究[D]. 景德镇: 景德镇

陶瓷大学，2020．

[13] 孙晓惠．立德树人理念融入高校思想政治教育过程研究［D］．哈尔滨：东北农业大学，2020．

[14] 陈雨．新时代高校"三全育人"的实现路径研究［D］．哈尔滨：黑龙江大学，2020．

[15] 韩薇．"三全育人"背景下高校辅导员职业能力提升路径研究［D］．太原：山西财经大学，2020．

[16] 张铨洲．课程思政建设中发挥大学生主体性作用研究［D］．天津：天津工业大学，2019．

[17] 王仁姣．新时代高校"大思政"育人体系研究［D］．沈阳：沈阳航空航天大学，2019．

[18] 康雅利．高校"课程思政"建设的原则与路径研究［D］．石家庄：河北科技大学，2019．

[19] 张春枝，温景文．思政课综合改革与实践［M］．北京：中国文史出版社，2015．

[20] 韩栋霞．马克思需要理论与大学生思想政治教育价值认同研究［D］．杭州：浙江大学，2021．

[21] 吕建楠．思想政治教育视域下大学生生态文明观教育研究［D］．沈阳：沈阳师范大学，2021．

[22] 张福有．习近平关于思想政治教育方法的重要论述研究［D］．桂林：广西师范大学，2021．

[23] 苏红．新时代思想政治教育的文化功能研究［D］．沈阳：沈阳师范大学，2021．

[24] 戴佳慧．新时代大学生思想政治教育中存在的问题及对策研究［J］．现代商贸工业，2021，42（29）：112-113．

[25] 夏园园，周志武．文化传承创新添彩［N］．益阳日报，2021-09-17（1）．

[26] 雷长稳．思想政治教育叙事方法探析［J］．石家庄铁道大学学报（社会科学版），2021，15（3）：80-85．

[27] 袁梦婷．生命意义教育融注思想政治理论课：价值挖掘与实践理路［J］．牡丹江大学学报，2021，30（9）：119-124．

［28］贾国梁，张尚志. 强心为先常备者胜［N］. 解放军报，2021-09-16（11）.
［29］路顺. "四史"教育融入高校思想政治工作的三重维度［J］. 党史博采（下），2021（9）：63-64.
［30］康云. 高校化学教育中思政教育的融入路径［J］. 化工设计通讯，2021，47（9）：109-110.